Ülistus vaimus ja tões

Vaimne ülistus

Dr. Jaerock Lee

*„Kuid tuleb tund ja see ongi juba käes,
et tõelised kummardajad kummardavad Isa vaimus ja tões,
sest Isa otsib neid, kes Teda nõnda kummardavad.
Jumal on Vaim ja kes Teda kummardavad,
peavad Teda vaimus ja tões kummardama."*
(Johannese 4:23-24)

Ülistus vaimus ja tões Autor: Dr. Jaerock Lee
Kirjastaja: Urim Books (Esindaja: Seongnam Vin)
73, Yeouidaebang-ro 22-gil, Dongjak-gu, Seoul, Korea
www.urimBooks.com

Autoriõigusele allutatud. Seda raamatut või selle osasid ei ole lubatud kirjastaja kirjaliku loata mingil kujul eprodutseerida, otsingusüsteemis säilitada ega edastada mingil kujul ega mingite elektroonsete, mehaaniliste vahenditega sellest fotokoopiaid ega salvestusi teha ega seda mingil muul viisil edastada.

(Piiblitsitaadid: Piibel, Tallinn, 1997 – Eesti Piibliseltsi väljaanne).

Autoriõigus © 2017 – Dr. Jaerock Lee
Tõlke autoriõigus © 2014 – Dr. Esther K. Chung. Kasutatud autori loal.
ISBN: 979-11-263-0213-0   03230
Eelnevalt välja antud korea keeles: Urim Books, 2002

Esmaväljaanne veebruar, 2017

Toimetaja: Dr Geumsun Vin
Kujundaja: Urim Books toimetusbüroo
Trükkija: Prione Printing
Lisateabeks võtke palun ühendust aadressil: urimbook@hotmail.com

Eessõna

Akaatsiapuud on Iisraeli kõrbes tavaline nähtus. Need puud juurduvad sadade jalgade sügavusel maapinnases ja leiavad elu säilitamiseks maa-aluse vee. Esmapilgul näivad akaatsiapuud vaid küttepuudeks head olevat, aga nende säsi on tugevam ja vastupidavam kui teistel puudel.

Jumal käskis seaduselaeka (lepingulaeka) teha akaatsiapuudest, mis kaeti kullaga ja asetati pühamast pühamasse paika. Pühamast püham paik on püha koht, kus Jumal viibib ja kuhu vaid ülempreestril on luba minna. Samamoodi ei kasutata inimest, kes on juurdunud Jumala Sõnas, mis on elu, üksnes Jumala väärtusliku tööriistana, vaid ta kogeb oma elus ka rikkalikku õnnistust.

See on täpselt Jeremija 17:8 räägitu kohane: *„Tema on otsekui vee äärde istutatud puu, mis ajab oma juuri oja kaldal ega karda, kui palavus tuleb, vaid ta lehed on haljad; ja põua-aastal ta ei muretse ega lakka vilja kandmast."* Siin tähistab „vesi" vaimselt Jumala Sõna ja niisuguse õnnistuse saanud inimene peab kalliks ülistusteenistusi, kus kuulutatakse Jumala

Sõna.

Ülistus on tseremoonia, kus jumaliku olendi ees näidatakse üles austust ja imetlust. Kokkuvõtlikult, kristlik ülistus on tseremoonia, mille käigus me täname ja tõstame Jumalat oma austuse ja kiitusega aus üles. Jumal otsis nii Vana Testamendi ajal ja otsib ka täna neid, kes kummardavad Teda vaimus ja tões.

Vana Testamendi 3. Moosese raamatusse on kirja pandud ülistuse kõige pisimad üksikasjad. Mõned väidavad, et kuna 3. Moosese raamat räägib Jumalale Vana Testamendi viisil ohvritoomise seadustest, on see raamat meile täna tähendusetu. Meie tänapäevase ülistuse viisides sisalduvate Vana Testamendi ülistuse seaduste tähenduslikkuse tõttu ei saa sellest vääramat arvamust olla. Sarnaselt Vana Testamendi ajal olnule, on Uue Testamendi aja ülistus Jumalaga kohtumise tee. Üksnes siis, kui me järgime Vana Testamendi laitmatu ohvri toomise seaduste vaimset tähendust, võime me Jumalat ka Uue Testamendi ajal vaimus ja tões ülistada.

Käesolevas teoses vaadeldakse süvitsi erinevate ohvrite toomise õppetunde ja tähendust, uurides lähemalt põletusohvreid, roaohvreid, rahuohvreid, patuohvreid ja süüohvreid, nii nagu need kehtivad Uue Testamendi ajal elavatele inimestele. See aitab üksikasjalikult selgitada, kuidas me peaksime Jumalat teenima. Selleks, et teha lugejatele ohvritoomise seaduste mõistmine lihtsamaks, on käesolevas teoses värvipildid kogudusetelgi panoraamvaatest, pühamu sisemusest ja pühamast pühamast paigast ning ülistusega seotud valitud vahenditest.

Jumal ütleb meile: „*Olge siis pühad, sest mina olen püha!*" (3. Moosese raamat 11:45; 1. Peetruse 1:16) ja soovib, et me kõik mõistaksime täiesti 3. Moosese raamatusse kirja pandud ohvritoomise seadusi ja elaksime püha elu. Ma loodan, et te saate aru igast Vana Testamendi aja ohvritoomise ja Uue Testamendi aja ülistuse küljest. Ma loodan ka, et te vaatlete end, et näha, kuidas teie ülistate ja hakkate Jumalat Talle meelepärasel viisil ülistama.

Ma palun meie Isanda Jeesuse Kristuse nimel, et nii nagu Saalomon oli Jumalale meeltmööda oma tuhande põletusohvriga, võiks Jumal iga lugejat kasutada väärtusliku riistana ja te võiksite kogeda vee äärde istutatud puu laadselt ülevoolavaid õnnistusi kui te toote Jumalale oma armastuse ja tänu hea lõhna, ülistades Teda vaimus ja tões!

Veebruar, 2010

Jaerock Lee

Sisukord

Ülistus vaimus ja tões

Eessõna

1. peatükk
Jumalale vastuvõetav vaimne ülistus • 1

2. peatükk
3. Moosese raamatusse kirja pandud Vana Testamendi ohvrite toomine • 17

3. peatükk
Põletusohver • 43

4. peatükk
Roaohver • 67

5. peatükk
Rahuohver • 83

6. peatükk
Patuohver • 95

7. peatükk
Süüohver • 111

8. peatükk
Tooge oma ihu elavaks pühaks ohvriks • 123

1. peatükk

Jumalale vastuvõetav vaimne ülistus

„Jumal on Vaim ja kes Teda kummardavad, peavad Teda vaimus ja tões kummardama."

Johannese 4:24

1. Ohvri toomine Vana Testamendi ajal ja ülistus Uue Testamendi ajal

Algselt oli esimene loodud inimene Aadam olend, kes võis olla otseses ja lähedases osaduses Jumalaga. Pärast saatana ahvatlust ja patu tegemist katkes Aadama lähedane osadus Jumalaga. Jumal valmistas Aadama ja järglaste jaoks andestuse ja pääsemise tee ja avas tee Jumalaga suhtlemise taastumiseks. See tee leidub Jumalalt armuliselt saadud Vana Testamendi aja ohvritoomise meetodites.

Vana Testamendi aja ohvrid ei olnud inimese väljamõeldis. Jumal ise andis nende toomise juhised ja ilmutuse. Me teame seda 3. Moosese raamatust 1:1 ja sellele järgnevast: *„Ja Isand kutsus Moosese ning rääkis kogudusetelgist temaga, öeldes..."* Me võime samuti oletada seda ohvriandidest, mida Aadama pojad Aabel ja Kain Jumalale tõid (1. Moosese raamat 4:2-4).

Need ohvriannid, vastavalt igaühe tähtsusele, järgivad teatud reegleid. Need on liigitatud põletusohvriteks, roaohvriteks, rahuohvriteks, patuohvriteks ja süüohvriteks ning sõltuvalt patu raskusastmest ja ohvreid toovate inimeste oludest, võis ohvriks tuua härgi, lambaid, kitsesid, tuvisid ja jahu. Ohverdamist läbi viivad preestrid pidid oma elus enesevalitsust rakendama, käituma targalt, riietuma linasesse rüüsse, mis oli selleks eraldatud ja tooma ohvreid, mis valmistati äärmiselt hoolikalt kehtestatud reeglite kohaselt. Niisugused ohvrid olid väliseks vormitäiteks, mis oli keerukas ja range.

Vana Testamendi ajal sai inimest patustamise järgselt

lunastada vaid patuohvri toomisega, tappes looma, mille vere läbi üksnes patt lepitati. Aga sama loomaveri, mida toodi aasta-aastalt ohvriks, ei suutnud inimesi nende pattudest täielikult lunastada; need ohvrid olid ajutiseks lepituseks ja olid seega ebatäiuslikud, sest inimest on võimalik patust täielikult lunastada ainult inimeluga.

1. Korintlastele 15:21 öeldakse: *„Et surm on tulnud inimese kaudu, siis tuleb ka surnute ülestõusmine inimese kaudu."* Sellepärast tuli Jumala Poeg Jeesus lihas sellesse maailma ja valas oma vere ristil ja suri sellel, kuigi Ta oli patuta. Kuna Jeesus sai ohvriks korra (Heebrealastele 9:28), ei ole enam vaja tuua vereohvreid, mis nõuavad keerukate jäikade reeglite järgimist.

Nii nagu kirjutatakse Heebrealastele 9:11-12: *„Aga kui Kristus tuli tulevaste hüvede ülempreestrina, suurema ja täiuslikuma telgiga, mis ei ole kätega tehtud, see tähendab ei ole osa sellest loomisest, – siis Ta läks sisse mitte sikkude ja vasikate verega, vaid iseenda verega, minnes ühe korra kõige pühamasse paika, saavutas Ta meile igavese lunastuse,"* Jeesus saavutas igavese lunastuse.

Jeesuse Kristuse kaudu ei too me Jumalale enam vereohvreid, vaid võime nüüd Tema ette minna ja tuua Talle elava püha ohvri. See on Uue Testamendi aja ülistusteenistus. Kuna Jeesus tõi ühe ohvri kõigi aegade pattude eest, lastes end ristile naelutada ja valades oma vere (Heebrealastele 10:11-12), kui me usume südames, et me oleme patust lunastatud ja võtame Jeesuse Kristuse vastu, võime me oma patud andeks saada. See ei ole tegu toonitav tseremoonia, vaid südamest tulev usuväljendus. See on elav püha ohver ja vaimne ülistusteenistus (Roomlastele 12:1).

See ei tähenda, et Vana Testamendi aja ohvrid oleksid tühistatud. Kui Vana Testament on vari, siis Uus Testament on tegelik kuju. Käsuseadusest rääkides, Jeesus tegi Uues Testamendis Vana Testamendi ohvritoomise käsuseadused täiuslikuks. Uue Testamendi ajal on pelk vormitäitmine muutunud ülistusteenistuseks. Nii nagu Jumal hoolis Vana Testamendi ajal laitmatutest puhastest ohvriandidest, on Tal heameel Uue Testamendi ajal meie vaimus ja tões toimuvast ülistusteenistusest. Range vormitäitmine ja protseduurid ei rõhutanud üksnes väliseid tseremooniaid, vaid olid ka vaimselt väga sügavad ja tähendusrikkad. Need on näitajaks, mille varal me võime läbi uurida oma suhtumist ülistusse.

Esiteks peab usklik pärast oma puudulike tegude taaskompenseerimist või nende eest vastutuse võtmist oma ligimeste, vendade või Jumala ees (süüohver) vaatlema oma elu eelmisel nädalal, tunnistama oma patud ja taotlema andestust (patuohver) ja siis ülistama puhta südame ja äärmise siirusega (põletusohver). Kui me oleme Jumalale meeltmööda ja toome ohvreid, mis on valmistatud äärmiselt hoolikalt, tänuks Tema armu eest, mis on meid eelmisel nädalal kaitsenud (roaohver) ning räägime Talle oma südamesoovidest (rahuohver), täidab Ta me südamesoovid ja annab meile jõu ja väe, et maailma võita. Niimoodi sisaldavad Uue Testamendi ülistusteenistused Vana Testamendi ohvritoomise seadustega palju märkimisväärselt ühist. Vana Testamendi aja ohvritoomise seadusi uuritakse lähemalt 3. peatükis ja sellele järgnevalt.

2. Ülistus vaimus ja tões

Johannese 4:23-24 ütleb Jeesus meile: *„Kuid tuleb tund ja see ongi juba käes, et tõelised kummardajad kummardavad Isa vaimus ja tões, sest Isa otsib neid, kes Teda nõnda kummardavad. Jumal on Vaim ja kes Teda kummardavad, peavad Teda vaimus ja tões kummardama."* See on osa Jeesuse räägitud sõnadest naisele, kellega Ta kohtus Samaaria Sühhari linnas oleva kaevu juures. Naine küsis Jeesuselt, kes alustas vestlust temalt vett paludes, kus oli Jumala kummardamise koht – teema, mis oli kaua uudishimu pälvinud (Johannese 4:19-20).

Kui juudid olid toonud ohvreid Jeruusalemmas, kus asus tempel, tõid samaarlased oma ohvreid Gerasimi mäel, sest kui Iisrael jagunes Saalomoni poja Rehoboami valitsusajal kaheks, ehitas põhjapoolne Iisrael sinna kõrgendiku, et takistada inimestel Jeruusalemma templisse tulekut. Kuna naine oli sellest teadlik, tahtis ta teada Jumala kummardamise õiget kohta.

Iisraellaste jaoks on Jumala kummardamise koht olulise tähendusega. Kuna Jumal viibis Templis, eraldasid nad selle ja uskusid, et see oli universumi kese. Aga kuna Jumalale on ülistuse kohast olulisem, missuguse südamega Teda kummardatakse, tegi Jeesus siis, kui Ta ilmutas end Messiasena, teatavaks, et ka ülistusest arusaamine pidi uuenema.

Mida tähendab „vaimus ja tões ülistamine"? „Vaimus ülistamine" tähendab Piibli 66 raamatus sisalduvast Jumala Sõnast omale leiva tegemist Püha Vaimu sisendusel ja vaimutäiuses ja meis elava Püha Vaimuga ühiselt kogu südamest ülistamist. „Tões ülistamine" tähendab Jumalast õige arusaamisega Tema ülistamist kogu meie ihu, südame, tahte ja siirusega, kummardades Teda rõõmuga, tänu, palve, kiituse, tegude ja ohvritega.

See, kas Jumal võtab meie ülistuse vastu või mitte, ei sõltu meie välimusest ega ohvrite suurusest, vaid hoolikuse määrast, millega me anname Talle oma individuaalsetes olukordades. Jumal võtab rõõmuga vastu ja vastab Teda kogu südamest kummardavate ja Talle vabatahtlikke ande andvate inimeste südamesoovidele. Aga Ta ei võta vastu ülistust ülbetelt inimestelt, kelle süda on mõtlematu ja hoolib vaid teiste inimeste arvamusest.

3. Jumalale vastuvõetava ohvri toomine

Need meie seast, kes elavad Uue Testamendi ajal, kui Jeesus Kristus täitis kogu käsuseaduse, peavad Jumalat täiuslikumalt ülistama, sest armastus on suurim käsk, mille andis meile Jeesus Kristus, kes täitis käsuseaduse armastusega. Ülistus väljendab siis meie armastust Jumala vastu. Mõned inimesed tunnistavad oma armastust Jumala vastu oma huultega, aga kui vaadata nende Jumala ülistamise viisi, tekib vahel küsimus, kas nad tõesti armastavad Jumalat kogu oma südamest või mitte.

Kui me kohtume kellegagi, kes on meist kõrgema

positsiooniga või vanem, me korrastame oma rõivad ja joondame oma suhtumise ja südame. Kui me anname talle kingituse, valmistame me laitmatu kingituse ja teeme seda ülimalt hoolikalt. Aga Jumal on kogu universumis sisalduva Looja ja on väärt oma loodu austust ja kiitust. Kui meil tuleb Jumalat vaimus ja tões kummardada, ei või me kunagi Tema ees kohatult olla. Me peame end vaatlema, et näha, kas me oleme kohatu olnud või mitte ja tegema kindlaks, et me osaleme ülistusteenistustel kogu oma ihu, südame, tahte ja hoolikusega.

1) Me ei või teenistustele hilineda.

Kuna ülistus on tseremoonia, kus me tunnustame nähtamatu Jumala vaimset meelevalda, tunnustame me Teda kogu südamest alles pärast seda, kui me oleme Ta kehtestatud reeglitest ja ettekirjutustest kinni pidanud. Seega on kohatu ükskõik mis põhjusel teenistustele hiljem tulla.

Kuna teenistuse aeg on aeg, mida me oleme tõotanud Jumalale anda, peame me enne teenistuse aega kohale saabuma ja teenistuseks südamest ette valmistuma. Kui me kohtuksime kuninga, presidendi või peaministriga, saabuksime me kahtlemata varakult ja ootaksime ettevalmistunud südamega. Kuidas me siis võime hilineda või kiirustada kohtumisele Jumalaga, kes on võrreldamatult suurem ja majesteetlikum?

2) Me peame teenistusele täit tähelepanu osutama.

Karjane (pastor) on jumalasulane, keda Jumal on võidnud; ta on Vana Testamendi aja preestriga võrdne. Karjane, kes on seatud pühalt altarilt Sõna kuulutama, on juht, kes juhib lambakarju Taevasse. Seega peab Jumal karjase suhtes kohatut või sõnakuulmatut tegu Jumala enese vastu kohatuks või sõnakuulmatuks teoks.

2. Moosese raamatus 16:8 me näeme, et kui iisraellased nurisesid Moosese vastu ja seisid temale vastu, tegid nad seda tegelikult Jumala enese vastu. 1. Saamueli raamatus 8:4-9, kui inimesed ei kuuletunud prohvet Saamuelile, pidas Jumal seda enese vastu sõnakuulmatuse teoks. Seega, kui te räägite enese kõrvalistujaga või kui te meel on täis uitmõtteid sel ajal, kui karjane kuulutab Jumala nimel sõnumit, olete te Jumala ees kohatul moel.

Teenistuse ajal tukastama või magama jäämine on samuti kohatu tegu. Kas te suudate ette kujutada, kui viisakusetu oleks, kui sekretär või minister jääks magama presidendi juhatusel toimuva koosoleku ajal? Samamoodi on pühamus, mis on meie Isanda ihu, tukastamine või magamine Jumala, karjase ja usuvendade-õdede ees kohatu tegu.

Samuti on vastuvõetamatu ülistada murtud vaimuga. Jumal ei võta vastu Talle toodud tänumeele ja rõõmuta ülistust, mis tuleb kurbusest. Seega me peame ülistusteenistustel osalema, oodates sõnumit, mis tärkab taevalootusest, tehes seda pääsemise armu ja armastuse eest tänuliku südamega. On kohatu raputada kedagi või rääkida kellegagi, kes palvetab Jumala poole. Nii nagu te ei sega vahele oma seisusekaaslase ja enesest vanema inimese vestlusesse, on kohatu sekkuda inimese vestlusse Jumalaga.

3) Alkoholi ja tubakat ei tohiks enne ülistusteenistustel osalemist kasutada.

Jumal ei pea vastpöördunud uskliku nõrgast usust tulenevat võimetust joomist ja suitsetamist maha jätta patuks. Aga kui tegu on ristitud inimesega, kellel on koguduses teatud positsioon ja ta joob ja suitsetab edasi, on tegu Jumala ees kohatu teoga.

Isegi uskmatute arvates on ebasünnis ja vale minna kogudusse purjuspäi või kohe pärast suitsetamist. Kui inimene mõtleb paljudele joomisest ja suitsetamisest tulenevatele probleemidele, suudab ta eristada tõe abil, kuidas jumalalapsena käituda.

Suitsetamine tekitab eriliiki vähki ja on seega ihule kahjulik, kuna joomine, mis võib põhjustada purjusolekut, võib põhjustada sündmatut käitumist ja kõnet. Kuidas saab usklik, kes suitsetab või joob, olla jumalalapse eeskujuks, kui ta käitumine võib Jumalale isegi halba valgust heita? Seega, kui teil on tõeline usk, peate te kiiresti niisugustest endistest viisidest vabanema. Isegi kui te olete usus alles alguses, on Jumala ees kohane teha kõik teist olenev, et endistest eluviisidest vabaneda.

4) Me ei või ülistusteenistuse keskkonnas hajali olla ega seda kuidagi määrida.

Pühamu on püha paik, mis on eraldatud ülistuseks, palveks ja Jumala kiituseks. Kui lapsevanemad lasevad oma lastel nutta, kära teha või ohjeldamatult ringi joosta, ei lase laps teistel koguduseliikmetel kogu südamest ülistada. See on Jumala silmis kohatu tegu.

Samuti on lugupidamatu olla enesest väljas või vihane või

rääkida isiklikest asjadest või välisest meelelahutusest pühamus. Närimiskummi nätsutamine, kõrvalolijatega valjult rääkimine või teenistuse ajal tõusmine ja pühamust väljaminek näitavad samuti austuse puudumist. Ülistusteenistusel peakatete, T-särkide, dressipluuside või varbavahekingades ja tuhvlites olek hälbib korrektsetest maneeridest. Välimus ei ole oluline, aga inimese sisemine suhtumine ja süda peegelduvad sageli tema väljanägemises. Hoolikust, millega inimene teenistuseks valmistub, võib näha riietusest ja väljanägemisest.

Jumalast ja Ta soovitust õieti arusaamine laseb meil Talle vastuvõetavat vaimset ülistusteenistust anda. Kui me ülistame Jumalat Talle meelepärasel moel – ülistades Teda vaimus ja tões – Ta annab meile arusaamise väe, et me võiksime selle arusaama oma südamesse uuristada, rikkalikku vilja kanda ja kogeda imelist armu ja õnnistusi, millega Ta meid üle kallab.

4. Elu, mille märgiks on vaimus ja tões ülistamine

Kui me ülistame Jumalat vaimus ja tões, uueneb meie elu. Jumal tahab, et igaühe elu oleks täielikult märgistatud vaimus ja tões ülistamisega. Kuidas me peaksime käituma, et tuua Jumalale vaimset ülistusteenistust, mida Ta rõõmuga vastu võtab?

1) Me peame alati rõõmustama.

Tõeline rõõm ei tulene üksnes põhjustest, mille üle rõõmu

tunda, vaid on ka siis, kui me seisame silmitsi valusate ja raskete küsimustega. Jeesus Kristus, kelle me võtsime oma Päästjaks, on põhjus, miks alati rõõmustada, sest Ta võttis kõik meie needused oma kanda. Kui me olime hävingu teel, lunastas Ta meid oma verd valades patust. Ta võttis oma kanda meie vaesuse ja haigused ja vabastas pisarate, valu, kurbuse ja surma kurjusekütked. Lisaks hävitas Ta surma meelevalla ja tõusis surnuist üles, seega andes meile ülestõusmise lootuse ja lasi meil omada tõelist elu ja ilusat Taevast.

Kui me oleme usu läbi Jeesuse Kristuse osalisteks saanud ja Tema on meie rõõmu allikas, ei jää meil muud üle kui rõõmu tunda. Kuna meil on ilus surmajärgse elu lootus ja meile antakse igavesti kestev rõõm, on reaalsus meie jaoks ebaoluline isegi siis, kui meil ei ole süüa ja me oleme pereprobleemide kütkes ning isegi kui meid ümbritsevad piinad ja tagakius. Niikaua kui meie süda, mis on täis armastust Jumala vastu, ei kõhkle ja meie taevalootus ei kõigu, ei hääbu rõõm kunagi. Seega, kui meie süda on täidetud Jumala armu ja taevalootusega, tulvab rõõm igal hetkel üles ja siis pöörduvad raskused kiiremini õnnistusteks.

2) Me peame lakkamatult palvetama.

„Lakkamatult palvetamisel" on kolm tähtsat külge. Esiteks, harjumuspärane palvetamine. Isegi Jeesus otsis kogu oma teenistusaja vältel vaikseid kohti, kus Ta võis „oma kombe kohaselt" palvetada. Taaniel palvetas kolm korda päevas regulaarselt ja Peetrus ja muud jüngrid eraldasid samuti palveaja.

Ka meie peame kombekohaselt palvetama, et palvekogus täita ja tagada, et Püha Vaimu õli ei lõpeks kunagi otsa. Üksnes siis võime me mõista Jumala Sõna ülistusteenistuste ajal ja saada Jumala Sõna kohaseks eluks jõudu.

Järgmiseks, „palvetage lakkamatult" tähendab palvet ajal, mis ei ole plaanipärane ega harjumuslik. On aegu, mil Püha Vaim ajendab meid palvetama ka harjumuspärase palve välistel aegadel. Sageli kuuleme me tunnistusi inimestelt, kes vältisid raskusi või keda kaitsti ja valvati õnnetuste eest, kui nad sellistel aegadel palvetamiseks kuulekad olid.

Viimaks, „palvetage lakkamatult" tähendab päeval ja ööl Jumala Sõna üle mõtisklemist. Hoolimata sellest, kus, kellega või mida inimene võib teha, tema südames olev tõde peab olema elav ja aktiivselt tegev.

Palve on meie vaimu jaoks nagu hingamine. Täpselt nii nagu liha sureb, kui liha lakkab hingamast, viib palve lakkamine vaimu nõrgenemise ja lõpuks surmani. Võib öelda, et inimene „palvetab lakkamatult" kui ta mitte ei hüüa palves teatud aegadel Jumalat appi, vaid ka siis, kui ta mõtiskleb Sõna üle päeval ja ööl ja elab selle kohaselt. Kui Jumala Sõna on inimsüdames eluaseme leidnud ja see inimene elab Püha Vaimuga osadust pidades, on ta elu igati edukas ja Püha Vaim juhatab teda selgelt ja lähedaselt.

Nii nagu Piiblis käsitakse „esiteks otsida jumalariiki ja selle õigsust", kui me palvetame jumalariigi – Tema ettehoolde ja hingede pääsemise eest – iseendi asemel, õnnistab Jumal meid isegi rikkalikumalt. Ometi on inimesi, kes palvetavad siis, kui nad on raskustes või kui nad tunnevad millestki puudust, aga kui nad on rahus, teevad nad oma palvesse vahe sisse. On teisi, kes palvetavad usinalt, kui nad on täis Püha Vaimu, kuid kes teevad oma palvesse vahe sisse, kui nad vaimutäiuse kaotavad.

Sellest hoolimata, me peame alati oma südames end kokku võtma ja laskma Jumala poole tõusta palve head lõhna, mis teeb Talle heameelt. Te võite ette kujutada, kui piinav ja raske on inimtahte vastaselt sõnu välja pigistada ja püüda pelgalt palveaega täita, samal ajal ka une ja uitmõtetega võidelda püüdes. Seega, kui usklik peab end teatud määral usus olevaks, aga tunneb ikkagi taolist raskust ja tunneb, et Jumalaga rääkimine on koormav, kas ta ei peaks tundma kohmetust, kui ta „tunnistab" oma armastust Jumala vastu? Kui te tunnete, et „teie palve on vaimselt tuim ja paigalseisev", uurige end läbi ja leidke, kui rõõmus ja tänulik te olete olnud.

Kogu kindlusega võib väita, et kui inimese süda on alati täis rõõmu ja tänu, on tema palve Püha Vaimu täiuses ja ei ole paigalpüsiv, vaid tungib suurematest sügavustest läbi. Inimesel ei ole tunnet, otsekui ta ei suudaks palvetada. Selle asemel, mida raskemaks ta edasiminek muutub, seda enam ta januneb Jumala armu järele, mis ajendab teda Jumalat appi hüüdma veelgi tõsimeelsemalt ja tema usk üksnes suureneb sammhaaval.

Kui me hüüame Jumalat kogu südamest tulevas lakkamatus palves appi, kanname me rikkalikku palvevilja. Hoolimata katsumustest, mis võivad meid tabada, peame me palveaegadest kinni. Ja võrdeliselt Jumala palves appihüüdmise määraga suureneb usu ja armastuse vaimne sügavus ja me jagame ka teistega armu. Seega on meie jaoks oluline rõõmu ja tänuga lakkamatult palvetada, et me saaksime Jumalalt vastused vaimu ja ihu ilusa vilja näol.

3) Me peame kõige eest tänulikud olema.
Millised põhjused teil on tänulik olla? Eelkõige see, et me olime surma määratud, kuid me oleme päästetud ja võime Taevasse minna. Meile on antud kõik, kaasa arvatud meie igapäevane leib ja hea tervis ning see on piisavalt hea põhjus tänuks. Lisaks võime me igasugustest piinadest ja katsumustest hoolimata tänulikud olla, sest me usume kõigeväelist Jumalat.

Jumal teab kõike meie olude ja olukordade kohta ja kuuleb kõiki meie palveid. Kui me usaldame läbikatsumistes olles Jumalat lõpuni, juhatab Ta meid nende läbikatsumiste kaudu veelgi ilusamini esile tulema.

Kui meid vaevatakse meie Isanda nimel või isegi kui me oleme oma vigade või puuduste tõttu katsumustes, kui me tõesti usaldame Jumalat, leiame me, et me saame vaid tänu anda. Kui meil on millestki puudus või vajaka, oleme me veelgi tänulikumad tugevdava ja nõrku täiuslikuks tegeva Jumala väe eest. Isegi kui meie ees seisva reaalsusega on üha raskem hakkama saada ja seda taluda, suudame me tänada oma usu tõttu Jumalasse. Kui me oleme usu läbi lõpuni tänulikud olnud, muutuvad kõik asjad lõpuks meie kasuks ja pöörduvad õnnistusteks.

Alati rõõmustamine, lakkamatult palvetamine ja kõige eest

tänulik olemine on kõik mõõdupuuks, millega me mõõdame, kui palju vilja me oleme oma usueluga vaimus ja ihus kandnud. Mida rohkem inimene püüab rõõmustada, hoolimata oma olukorrast, külvata rõõmuseemneid ja kogu südamest tänulik olla, kui ta otsib tänuks põhjuseid, seda rohkem rõõmu ja tänuvilja ta kannab. Samamoodi on palvega; mida rohkem me palves pingutame, seda suuremat jõudu ja palvevastuseid me viljana lõikame.

Seega, ma loodan, et te kannate suurt ja rikkalikku vilja oma vaimus ja ihus, tuues Jumalale oma eluga Ta soovikohast ja rõõmu valmistavat igapäevast vaimset ülistusteenistust, kus te rõõmustate alati, palvetate lakkamatult ja olete tänulikud (1. Tessalooniklastele 5:16-18).

2. peatükk

3. Moosese raamatusse kirja pandud Vana Testamendi ohvrite toomine

Ja Isand kutsus Moosese ning rääkis kogudusetelgist temaga,
öeldes: „Räägi Iisraeli lastega ja ütle neile:
Kui keegi teist tahab tuua Isandale ohvrianni kariloomadest,
siis ta toogu oma ohvriand veistest või lammastest ja kitsedest!"

3. Moosese raamat 1:1-2

1. 3. Moosese raamatu tähtsus

Sageli öeldakse, et Uue Testamendi Johannese ilmutuse raamat ja Vana Testamendi 3. Moosese raamat on kõige raskemad osad Piiblist arusaamiseks. Sellepärast jätavad mõned inimesed Piiblit lugedes need osad vahele, kuna teised arvavad, et Vana Testamendi aja ohvritoomise seadused ei ole meie jaoks tänapäeval enam olulised. Aga kui need osad on meie jaoks ebaolulised, siis on Jumal need raamatud ilma põhjuseta Piiblisse kirja panna lasknud. Kuna iga Uue Testamendi ja Vana Testamendi sõna on vajalik meie eluks Kristuses, lasi Jumal selle Piiblisse kirja panna (Matteuse 5:17-19).

Vana Testamendi aja ohvritoomise seadusi ei ole Uue Testamendi ajal kõlbmatuks tunnistatud. Kogu käsuseaduse sarnaselt täitis Jeesus Uues Testamendis ka Vana Testamendi ohvritoomise seadused. Vana Testamendi ohvritoomise seaduste tähendusmõisted sisalduvad Jumala pühamu kaasaegse ülistuse igas sammus ja Vana Testamendi aja ohvrid on tänapäevase ülistusteenistuse kulgemisega samaväärsed. Kui me oleme Vana Testamendi ohvritoomise seadustest täpselt aru saanud, suudame me järgida õnnistuste otseteed, kus me kohtume Jumalaga ja kogeme Teda, kui me mõistame õieti, kuidas Teda ülistada ja teenida.

3. Moosese raamat on osa Jumala Sõnast, mis kehtib täna kõigi Temasse uskujate kohta, sest 1. Peetruse 2:5 öeldu kohaselt: *„Laske ka endid ehitada elavate kividena vaimulikuks kojaks.*

Saage pühaks preesterkonnaks, kes toob vaimulikke ohvreid, mis on Jumalale meelepärased Jeesuse Kristuse kaudu," võib iga Jeesuse Kristuse kaudu pääsemise vastuvõtnud inimene minna Jumala ette täpselt samamoodi nagu Vana Testamendi preestrid.

3. Moosese raamat on suurel määral kaheks jaotatud. Esimeses osas keskendutakse peamiselt sellele, kuidas meie patud on andestatud. See koosneb peamiselt ohvritoomise seadustest, et pattude andestust saada. Seal kirjeldatakse ka Jumala ja inimeste vaheliste ohvrite eest vastutavate preestrite kvalifikatsiooni ja kohustusi. Teises osas on üksikasjalikult kirja pandud patud, mida Jumala valitud, Tema püha rahvas, ei või kunagi teha. Kokkuvõttes, iga usklik peab teadma Jumala tahet, mis on kirja pandud 3. Moosese raamatusse ja kus rõhutatakse, kuidas säilitada inimese püha suhet Jumalaga.

3. Moosese raamatu ohvritoomise seadused selgitavad meetodeid, kuidas me ülistama peame. Nii nagu me kohtume Jumalaga ja saame Tema vastused ja õnnistused ülistusteenistuse kaudu, said Vana Testamendi aja inimesed pattudele andestuse ja kogesid Jumala tegusid ohvrite kaudu. Aga pärast Jeesust Kristust tegi Püha Vaim meie sees eluaseme ja meil lasti Jumalaga osaduses olla, kummardades Teda Püha Vaimu tegude ajendusel vaimus ja tões.

Heebrealastele 10:1 öeldakse: *„Et Moosese Seadus on vaid tulevaste hüvede vari, mitte nende hüvede täiskuju, siis see ei või mitte kunagi teha täiuslikuks neid, kes tulevad Jumala ette igal aastal nendesamade ohvritega, mida nad alatasa* *ohverdavad.*" Kui on olemas kuju, siis on sellel kujul ka vari. Tänapäeval on „kuju" tõsiasi, et me võime Jeesuse Kristuse kaudu ülistada ja Vana Testamendi ajal säilitasid inimesed oma osaduse Jumalaga ohvritega, mis olid vari.

Jumalale toodud ohvriande tuleb tuua Tema soovitud reeglite kohaselt; Jumal ei võta vastu ülistust inimeselt, kes toob seda omal viisil. 1. Moosese raamatu 4. peatükis on kirjas, et Jumal võttis vastu Jumala tahet järginud Aabeli ohvriannid, aga ei pidanud lugu oma ohvrimeetodi leiutanud Kaini toodud ohvritest.

Samamoodi on Jumalal heameel ülistusest ja ülistus, mis liigub Tema reeglitest kõrvale, muutub Jumalale ebaoluliseks. 3. Moosese raamatu ohvritoomise seadustes sisaldub praktiline teave niisuguse ülistuse kohta, mille abil me võime saada Jumalalt vastused ja õnnistused ja mis teeb Talle heameelt.

2. Jumal kutsus Moosese kogudusetelgist

3. Moosese raamatus 1:1 kirjutatakse: *„Ja Isand kutsus Moosese ning rääkis kogudusetelgist temaga, öeldes..."* Kogudusetelk on mobiilne pühamu, mis lihtsustas Iisraeli rahva kiiret liikumist, kui nad elasid kõrbes, kust Jumal kutsus Moosese. Kogudusetelk viitab telgile, mis koosneb pühamust ja pühamast pühast paigast (2. Moosese raamat 30:18, 30:20, 39:32 ja 40:2). See võib ka kollektiivselt tähistada kogudusetelki, samuti nagu eesriided, mis ümbritsesid õuesid (4. Moosese raamat 4:31,

8:24).

Pärast väljarännet ja teekonda Kaananimaa poole, veetsid iisraellased kaua aega kõrbes ja pidid pidevalt edasi liikuma. Sellepärast ei saanud templit, kus Jumalale ohverdati, püsikujul ehitada, aga kasutati kogudusetelki, mida sai lihtsalt teisaldada. Sellepärast kutsutakse seda ehitist ka „kogudusetelgi templiks."

2. Moosese raamatus 35-39 on kogudusetelgi ehitamise spetsiaalsed üksikasjad. Jumal ise andis Moosesele kogudusetelgi struktuuri ja selle ehitusmaterjali puudutava üksikasjaliku teabe. Kui Mooses ütles kogudusele, missuguseid materjale oli kogudusetelgi ehituse jaoks vaja, tõid nad rõõmuga väga palju kasulikke materjale – kulda, hõbedat, pronksi, erinevaid kive, sinist, purpurpunast ja helepunast materjali ja peenlinast riiet; nad tõid kitsekarvasid, jääranahku ja merilehmanahku, kuni Mooses pidi inimesi ohjeldama, et nad enam midagi juurde ei tooks (2. Moosese raamat 36:5-7).

Niimoodi ehitati kogudusetelk koguduse poolt vabatahtlikult toodud andidest. Pärast Egiptusest lahkumist Kaananimaa poole minevate iisraellaste jaoks ei saanud kogudusetelgi ehituskulud väikesed olla. Neil ei olnud kodusid ega maad. Nad ei saanud põllumajanduse abil vara koguda. Aga Iisraeli rahvas kandis kõik kulud ja tegi tööd rõõmu ja heameelega, oodates tõotust Jumalalt, kes oli neile öelnud, et Ta püsib nendega, kui Talle valmistatakse eluase.

Tõsist väärkohtlemist ja rasket tööd kaua talunud Iisraeli rahvas janunes üle kõige ühe asja järele – et olla orjapõlvest vaba. Sellisena käskis Jumal neil pärast Egiptusest vabanemist kogudusetelk ehitada, et seal nende keskel elada. Iisraellastel ei olnud mingit põhjust viivitada ja kogudusetelk sai seetõttu iisraellaste rõõmsa pühendumise tõttu valmis.

Kohe pärast kogudusetelki sisenemist tuleb „pühamu" ja pühamust läbi minnes on seespool „pühamast püham paik." See on kõige püham paik. Pühamast pühas paigas on tunnistuslaegas (lepingulaegas). See, et tunnistuslaegas, mis sisaldab Jumala Sõna, on pühamast pühamas paigas, tuletab meelde Jumala ligiolu. Kui tempel on jumalakojana täielikult püha paik, on eriti pühamast püham paik eraldatud ja seda peetakse kõigist paikadest kõige pühamaks. Isegi ülempreestril lubati pühamast pühamasse paika vaid kord aastas minna, et Jumalale inimeste eest patuohvrit tuua. Tavalistel inimestel keelati sinnaminek, sest patused ei saa kunagi Jumala ligiollu minna.

Ometi oleme me kõik Jeesuse Kristuse kaudu saanud eelisõiguse Jumala ette minna. Matteuse 27:50-51 öeldakse: *„Jeesus aga, kisendades taas valju häälega, heitis hinge. Ja ennäe, templi vahevaip kärises ülalt alla kaheks."* Kui Jeesus andis end meie pattudest lunastamiseks ristisurma, kärises pühamast pühama paiga ja meie vaheline vahevaip kaheks.

Sellest räägitakse lähemalt Heebrealastele 10:19-20: *„Vennad, et meil on siis Jeesuse vere varal julgus sisse minna kõige pühamasse paika – selle tee on Ta avanud meile uuena ja elavana vahevaiba, see on oma ihu kaudu."* Vahevaiba lõhkikärisemine siis, kui Jeesus tõi oma ihu surres ohvriks, tähistab Jumala ja meie vahelise patumüüri varisemist. Nüüd võib igaüks, kes usub Jeesust Kristust, saada pattude andestuse ja minna Püha Jumala juurde minekuks sillutatud teed mööda. Kui varem võisid vaid preestrid Jumala ette minna, võib meil nüüd olla otsene ja lähedane osadus Temaga.

3. Kogudusetelgi vaimne tähendus

Milline tähendus on kogudusetelgil meie jaoks täna? Kogudusetelk on kogudus, kus usklikud ülistavad täna, pühamu on Isanda vastuvõtnud usklike kogum ja pühamast püham paik on meie süda, kus elab Püha Vaim. 1. Korintlastele 6:19 tuletatakse meile meelde: „*Või kas te ei tea, et teie ihu on teis oleva Püha Vaimu tempel, kelle te olete saanud Jumalalt, ning et teie ei ole iseenese päralt?*" Pärast seda, kui me võtsime Jeesuse Päästjana vastu, anti meile Jumala and – Püha Vaim. Kuna Püha Vaim elab meis, on meie süda ja ihu püha tempel.

Samuti kirjutatakse 1. Korintlastele 3:16-17: „*Eks te tea, et te olete Jumala tempel ja teie sees elab Jumala Vaim? Kui keegi rikub Jumala templi, siis Jumal rikub ka tema, sest Jumala tempel on püha, ja see olete teie.*" Just nii nagu me peame hoidma nähtavat Jumala templit kogu aeg puhta ja pühana, peame me ka oma ihu ja südame Püha Vaimu eluasemena puhta ja püha hoidma.

Me loeme, et Jumal hävitab igaühe, kes hävitab Jumala templi. Kui inimene on jumalalaps, kes on Püha Vaimu vastu võtnud, kuid jätkab enese hävitamist, kustutab see Püha Vaimu ja see inimene ei pääse. Ainult siis, kui me hoiame templi, kus Püha Vaim elab ja oma südame oma käitumisega pühana, võime me jõuda täielikule pääsemisele ja meil võib olla otsene ja lähedane osadus Jumalaga.

Seega tähendab fakt, et Jumal kutsus Moosese kogudusetelgist, et Püha Vaim kutsub meid meie sisimast ja otsib meiega osadust. Pääsemise vastuvõtnud jumalalaste jaoks on loomulik Isa Jumalaga osaduses olla. Nad peavad Püha Vaimu abil Jumalaga lähedases osaduses olles palvetama ja vaimus ja tões ülistama.

Vana Testamendi aja inimesed ei saanud Püha Jumalaga osaduses olla oma patu tõttu. Ainult ülempreester võis kogudusetelgis pühamast pühamasse paika minna ja Jumalale inimeste eest ohvreid tuua. Tänapäeval lubatakse iga jumalalast pühamusse, et ülistada, palvetada ja Jumalaga osaduses olla, sest Jeesus Kristus lunastas meid kõigist pattudest.

Kui me oleme Jeesuse Kristuse vastu võtnud, elab Püha Vaim meie südames ja peab seda pühamast pühamaks paigaks. Pealegi, täpselt nii nagu Jumal kutsus Moosest kogudusetelgist, kutsub Püha Vaim meid meie südamesügavusest ja soovib meiega osaduses olla. Püha Vaim laseb meil oma häält kuulata ja Temalt juhatust saada ning juhib meid tões elama ja Jumalat mõistma. Selleks, et kuulda Püha Vaimu häält, tuleb meil oma südames igasugusest patust ja kurjusest vabaneda ja pühitsusele jõuda. Kui me oleme pühitsusele jõudnud, suudame me Püha Vaimu häält selgelt kuulata ja meil on rikkalikud vaimsed ja füüsilised õnnistused.

4. Kogudusetelgi kuju

Kogudusetelgil on väga lihtne kuju. Inimene peab minema edasi väravast, mille laius on umbes üheksa meetrit (umbes 29,5 jalga) ja mis asub kogudusetelgi idaosas. Kogudusetelgi eesõue jõudes tullakse esiteks vasest põletusohvri altari juurde. Altari ja pühamu vahel on pesunõu ehk tseremoniaalne nõu, sellest edasi asub pühamu ja siis tuleb pühamast püham paik, mis on kogudusetelgi südames.

Pühamust ja pühamast pühamast paigast koosneva kogudusetelgi mõõtmed on neli ja pool meetrit (umbes 14,7 jalga) laiust, 13,5 meetrit (umbes 44,3 jalga) pikkust ja neli ja pool meetrit (umbes 14,7 jalga) kõrgust. Ehitis on hõbealusel ja selle seinades on kullatud akaatsiapuust sambad ning katus on kaetud nelja vaibakihiga. Esimese kihi sisse on kootud keerubid, teine on kitsekarvadest, kolmas jääranahkadest ja neljas merilehmanahkadest.

Pühamu ja pühamast püham paik on eraldatud vaheriidega, millesse on samuti kootud keerubid. Pühamu on pühamast pühamast paigast kaks korda suurem. Pühamus on laud ohvrileibadele (mida kutsutakse ka vaateleibadeks), lambijalg ja viirukialtar. Kõik need esemed on puhtast kullast. Pühamast pühamas paigas on tunnistuselaegas (lepingulaegas).

Teeme sellest kokkuvõtte. Esiteks, pühamast pühama paiga sisemus oli püha koht, kus asus Jumal ja tunnistuslaegas, mille kohal oli lepituskaas, asus samuti seal. Kord aastas, lepituspäeval,

Kogudusetelgi struktuur

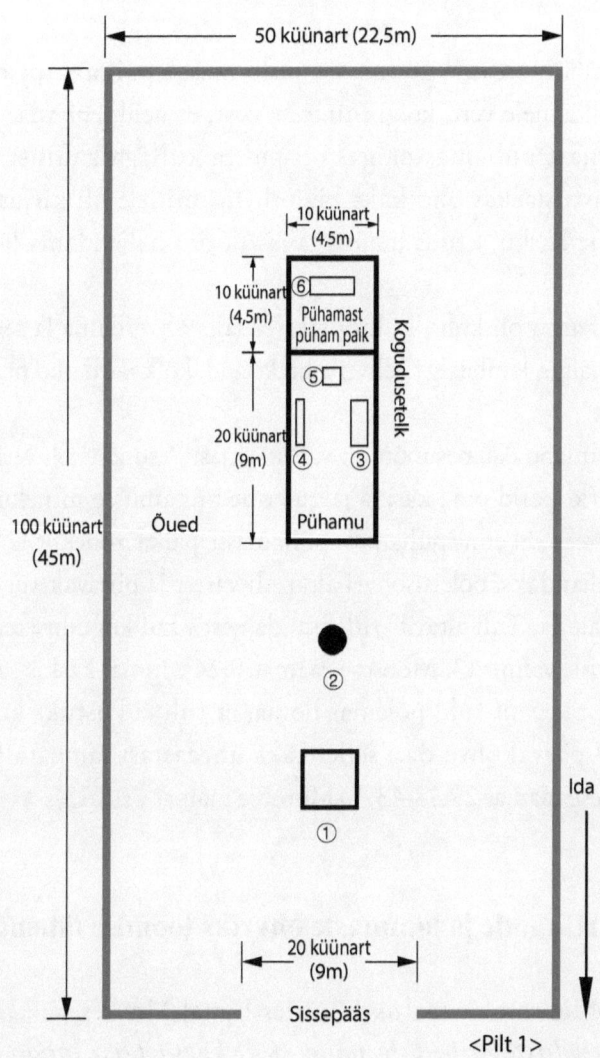

<Pilt 1>

Mõõtmed
Õued: 100 x 50 x 5 küünart
Sissepääs: 20 x 5 küünart
Kogudusetelk: 30 x 10 x 10 küünart
Pühamu: 20 x 10 x 10 küünart
Pühamast püham paik: 10 x 10 x 10 küünart
(* 1 küünar = umbes 17,7 tolli)

Astjad
① Põletusohvri altar
② Pesemisnõu
③ Ohvrileibade laud
④ Puhtast kullast lambijalg
⑤ Viirukialtar
⑥ Tunnistusetelk (lepingulaegas)

läks ülempreester pühamast pühamasse paika ja piserdas lepituskaanele verd kõigi inimeste eest, et neid lepitada. Kõik pühamast pühamas paigas oli puhta kullaga kaunistatud. Tunnistuslaekas olid kaks kivitahvlit, millele oli kirjutatud kümme käsku, kruus mannaga ja Aaroni haljendama läinud kepp.

Pühamu oli koht, kuhu preester läks ohverdama ja seal oli viirukialtar, lambijalg ja ohvrileibade laud, kõik need olid puhtast kullast.

Kolmandaks, pesunõu on vasest astjas. Pesunõus oli vesi, kus preestrid pesid oma käsi ja jalgu enne pühamusse minekut või ülempreestrid enne pühamast pühamasse paika minekut.

Neljandaks, põletusohvri altar oli vasest ja piisavalt tugev, et tuld taluda. Tuli altaril „tuli Isanda eest", kui kogudusetelk oli täielikult valmis (3. Moosese raamat 9:24). Jumal käskis samuti altaril pidevalt tuld põlemas hoida, et tuli ei kustuks kunagi ja igal päeval ohverdati sellel kaks üheaastast lambatalle (2. Moosese raamat 29:38-43; 3. Moosese raamat 6:12-13).

5. Härgade ja lammaste ohvriks toomise tähendus

3. Moosese raamatus 1:2 ütles Jumal Moosesele: *„Räägi Iisraeli lastega ja ütle neile: Kui keegi teist tahab tuua Isandale ohvrianni kariloomadest, siis ta toogu oma ohvriand veistest või lammastest ja kitsedest!"* Ülistusteenistuste ajal toovad jumalalapsed Talle erinevaid ohvriande. Kümnisele lisaks

Pilt

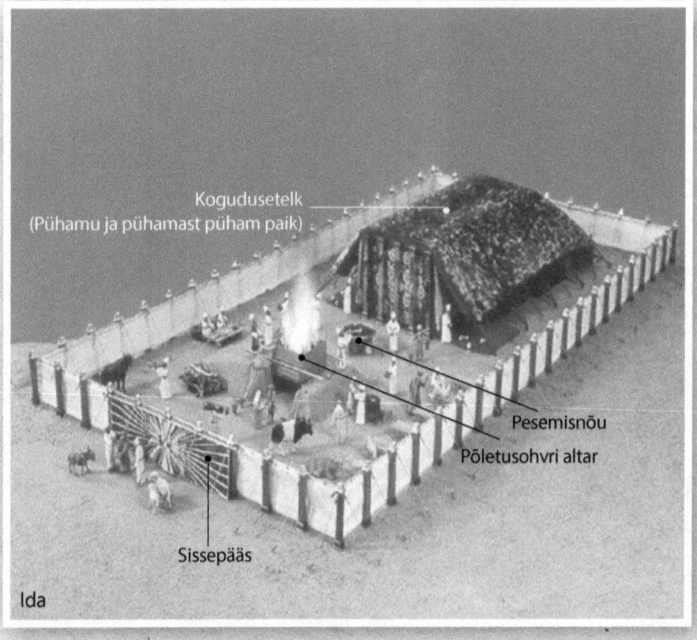

<Pilt 2>

Kogudusetelgi panoraamvaade

Õuedes on põletusohvri altar (2. Moosese raamat 30:28), pesemisnõu (2. Moosese raamat 30:18) ja kogudusetelk (2. Moosese raamat 26:1, 36:8) ja õuede kohal ripub peenelt põimitud linane riie. Kogudusetelgi idaküljes on vaid üks sissepääs (2. Moosese raamat 27:13-16) ja see sümboliseerib Jeesust Kristust, kes on ainus pääsemise uks.

Pilt

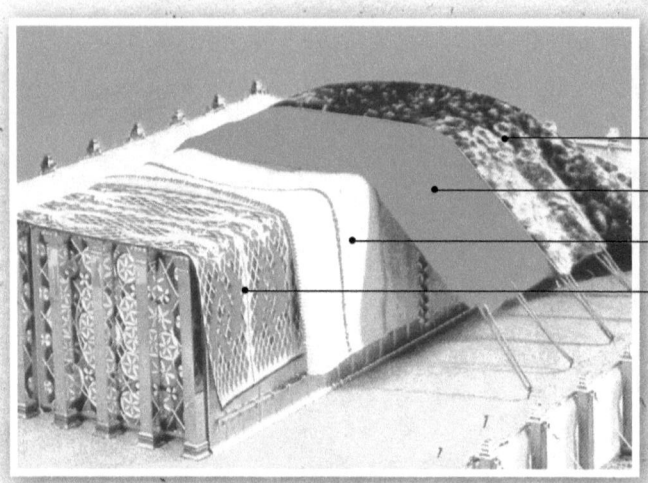

Merilehman kate
Jääranahad
Kitsekarvadest eesriided
Keerubitega kaunistatud eesriided

<Pilt 3>

Kogudusetelgi katted

Kogudusetelki katavad neli selle üle heidetud kattekihti.
Kõigepealt tulevad keerubitega kaunistatud eesriided; nende peal on kitsekarvadest eesriided; mille peal on jääranahad; ja kõige peal on merilehmanahad. Pildil 3 näidatakse neid katteid nii, et iga kiht on nähtav. Kui katted on nähtavaks tehtud, on näha pühamu katteid pühamu ees ja selle taga, viirukialtaril ja pühamast pühama paiga eesriideid.

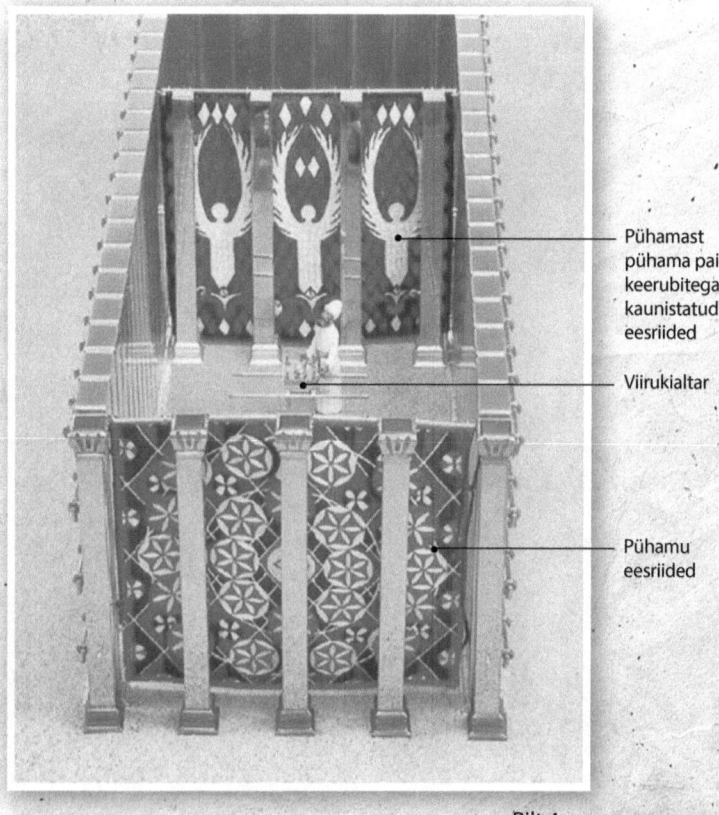

<Pilt 4>

Nähtavaks tehtud katetega pühamu pilt

Ees on pühamu eesriided ja nende taga on näha viirukialtarit ja pühamast pühama paiga eesriideid.

Pilt

<Pilt 5>

Kogudusetelgi sisemus

Pühamu keskel on puhtast kullast lambijalg (2. Moosese raamat 25:31), ohvrileibade laud (2. Moosese raamat 25:30) ja tagapool on viirukialtar (2. Moosese raamat 30:27).

Viirukialtar

Ohvrileibade laud

Lambijalg

Pilt

<Pilt 9>

Pühamast pühama paiga sisemus

Pühamu tagasein on eemaldatud, et pühamast pühama paiga sisemust võiks näha. Nähtaval on tunnistuslaegas, lepituskaas ja tagapool on pühamast pühama paiga eesriided. Kord aastas läheb valgesse riietatud ülempreester pühamast pühamasse paika ja piserdab patuohvri peale verd.

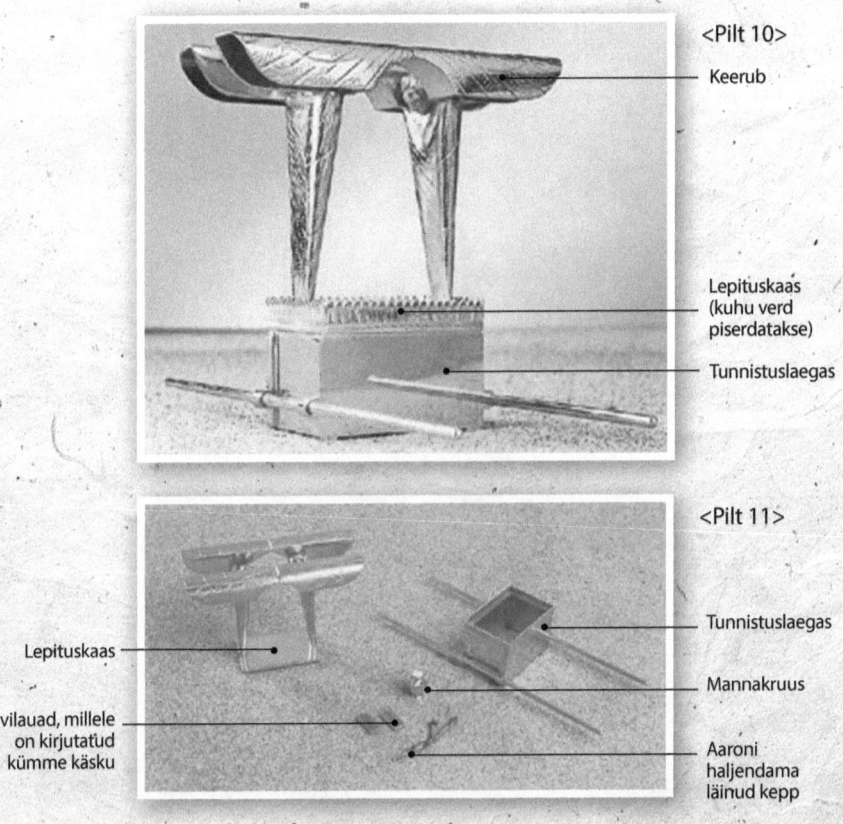

Tunnistuslaegas ja lepituskaas

Pühamast pühama paiga sees on puhtast kullast tunnistuslaegas ja laeka peal on lepituskaas. Lepituskaas tähistab tunnistuslaeka katteid (2. Moosese raamat 25:17-22) ja selle peale piserdatakse kord aastas verd. Lepituskaane mõlemas otsas on kaks keerubit, kelle tiivad katavad lepituskaant (2. Moosese raamat 25:18-20). Tunnistuslaeka sees on kivitahvlid, millele on kirjutatud kümme käsku; kruus mannat; ja Aaroni kepp, mis haljendas.

Pilt

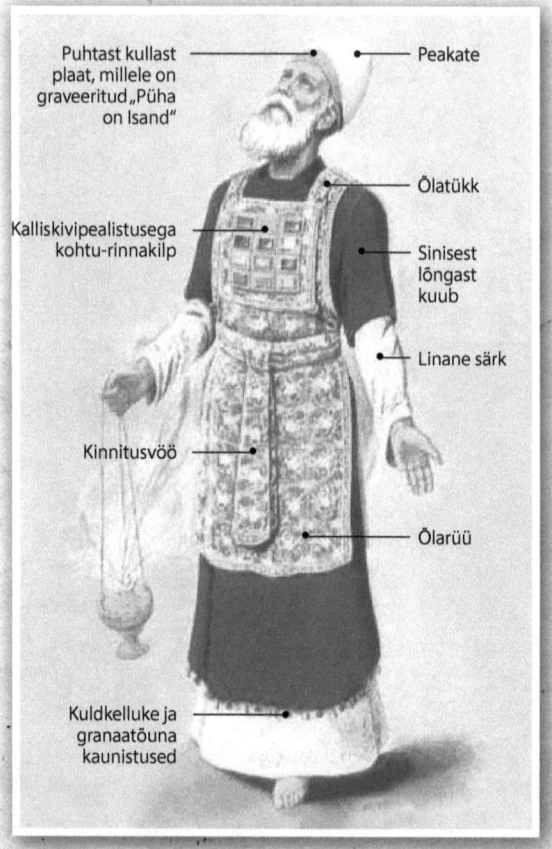

<Pilt 12>

Ülempreestri riided

Ülempreestrile usaldati templi hooldus ja ohvitoomise teenistuste ülevaatus ja kord aastas läks ta Jumalale ohvri toomiseks pühamast pühamasse paika. Igaüks, kes võttis ülempreestri ameti üle, pidi omama uurimit ja tummimit. Need kaks kivi, mida kasutati Jumala tahte otsimiseks, asetati rinnakilbile õlarüül, mida preester seljas kandis. „Uurim" tähistab valgust ja „tummim" täiuslikkust.

on ohvriannid, mis sisaldavad tänu, ehitust ja leevendust. Ometi käsib Jumal, et kui keegi toob Talle ohvrianni, peab see olema „veistest või lammastest või kitsedest." Kuna see salm on vaimselt tähendusväärne, ei pea me tegema seda, mida selles salmis sõnasõnaliselt käsitakse, vaid peame esiteks aru saama selle vaimsest tähendusest ja siis Jumala tahte kohaselt toimima.

Missugune vaimne tähendus on veiste, lammaste või kitsede ohvriks toomisel? See tähendab, et me peame Jumalat vaimus ja tões kummardama ja ennast elavaks pühaks ohvriks andma, mis on meie „vaimne jumalateenistus" (Roomlastele 12:1). Me peame alati palves valvsad olema ja Jumala ees mitte ainult ülistusteenistustel, vaid ka oma igapäevaelus pühalt käituma. Siis tuuakse meie ülistus ja kõik meie ohvriannid Jumalale elavaks pühaks ohvriks, mida Jumal peab vaimseks ülistusteenistuseks.

Miks Jumal käskis iisraellastel Talle kõigi loomade seast härgi ja lambaid tuua? Härjad ja lambad kujutavad teiste loomade seas kõige kohasemalt Jeesust, kes sai inimkonna pääsemise jaoks rahuohvriks. Vaatleme „härgade" ja Jeesuse sarnaseid külgi.

1) Härjad kannavad inimese koormaid.

Nii nagu härjad kannavad inimeste koormaid, kandis Jeesus meie patukoorma. Matteuse 11:28 ütleb Ta meile: *„Tulge minu juurde kõik, kes olete vaevatud ja koormatud, ja mina annan teile hingamise!"* Inimesed püüavad ja näevad igasugust vaeva, et saada rikkust, au, teadmisi, kuulsust, prestiiži ja võimu ja kõike muud soovikohast. Inimese erinevate koormate hulgas on kõige peal patukoorem ja elu keset katsumusi, kannatusi ja piinu.

Aga kui Jeesus naelutati puuristile, võttis Ta meie eest ohvrianniks saades ja lepitusverd valades enese kanda koormad ja eluraskused. Usu läbi Isandasse võib inimene kõik oma probleemid ja patukoorma maha laadida ja kogeda rahu ja puhkeolekut.

2) Härjad ei tekita inimesele probleeme; nad toovad talle ainult kasu.

Härjad ei tee inimese heaks üksnes kuulekalt tööd, aga nad annavad talle ka piima, liha ja nahku. Ükski osa härjast, peast sõrgadeni, ei ole kasutu. Jeesus tõi samamoodi inimese jaoks vaid kasu. Ta tunnistas vaestele, haigetele ja hüljatutele Taeva evangeeliumist ja tõi neile tröösti ja lootust, vallandades kurjuse ikked ja tervendades inimesi tõbedest ja nõtrustest. Isegi kui Jeesus ei saanud magada ega süüa, andis Ta endast parima, et õpetada Jumala Sõna viimselegi hingele nii hästi kui Ta sai. Jeesus andis oma elu ja lasi end risti lüüa ja avas sellega põrgusse muidu mõistetud patustele pääsemise tee.

3) Härjad toidavad inimest oma lihaga.

Jeesus andis inimesele oma liha ja vere, et inimene võiks neist omale leiva teha. Johannese 6:54-55 ütleb Ta: *"Kes minu liha sööb ning minu verd joob, sellel on igavene elu ja mina äratan ta üles viimsel päeval, sest minu liha on tõeline roog ja minu veri on tõeline jook."*

Jeesus on Jumala Sõna, kes tuli lihas siia maailma. Seega, Jeesuse liha söömine ja Tema vere joomine tähendab Jumala

Sõnast omale leiva tegemist ja sellekohast elu. Nii nagu inimene saab söögi ja joogi tõttu elada, saame meiegi igavese elu ja läheme Taevasse vaid Jumala Sõna süües ja sellest omale leiva tehes.

4) Härjad künnavad maad ja teevad sellest viljaka pinnase.
Jeesus haib inimese südamemaad. Matteuse 13. peatükis on tähendamissõna, kus inimsüdant võrreldakse nelja eritüüpi põllumaaga: tee kõrval olev maa, kivine pinnast, ohakane maa ja hea pinnas. Kuna Jeesus lunastas meid kõigist pattudest, on Püha Vaim me südamesse eluaseme teinud ja annab meile jõudu. Meie süda võib Püha Vaimu abil heaks pinnaseks muutuda. Kui me usaldame meie kõigile pattudele andestuse saada lasknud Jeesuse verd ja kuuletume usinalt tõele, muutub meie süda viljakaks, rikkalikuks ja heaks maapinnaseks ja me võime vaimseid ja füüsilisi õnnistusi saada, lõigates külvatut 30, 60 ja 100 korda.

Järgmiseks, kuidas lambad ja Jeesus sarnanevad?

1) Lambad on tasased.
Kui me räägime tasastest või leebetest inimestest, võrdleme me neid tavaliselt tasase lambukesega. Jeesus on kõigist inimestest kõige tasasem. Jesaja 42:3 kirjutatakse Jeesuse kohta: *„Rudjutud pilliroogu ei murra Ta katki ja hõõguvat tahti ei kustuta Ta ära."* Jesus on lõpuni kannatlik isegi kurjategijatega ja väärastunud inimestega ning nendega, kes on meelt parandanud, kuid patustavad pidevalt ja ootab, et nad pöörduksid oma teedelt. Olgugi et Jeesus on Looja Jumala Poeg ja Tal on meelevald kogu

inimkond hävitada, jäi Ta meiega kannatlikuks ja näitas oma armastust ka siis, kui kurjad inimesed Ta risti lõid.

2) Lammas on kuulekas.

Lammas järgib kuulekalt karjase juhatust ja püsib vaikselt ka pügamise ajal. Nii nagu kirjutatakse 2. Korintlastele 1:19: *„Sest Jumala Poeg Jeesus Kristus, keda meie, mina, Silvanus ja Timoteos, oleme teie seas kuulutanud, ei olnud „jah" ja „ei", vaid Temas oli „jah.""* Jeesus ei toonitanud oma tahet, vaid Ta jäi Jumalale surmani kuulekaks. Jeesus läks oma eluajal kohtadesse vaid Jumala valitud ajal ja tegi vaid seda, mida Jumal soovis, et Ta teeks. Kuigi Ta teadis väga hästi oma eesseisvat ristipiina, talus Ta seda lõpuks kuulekalt, et teha teoks Isa tahe.

3) Lammas on puhas.

Siinne lammas on aastane jäär, mis ei ole veel paaritunud (2. Moosese raamat 12:5). Selles vanuses lammast võib võrrelda imetlusväärse puhta noorukiga – või laitmatu plekita Jeesusega. Lammas annab samuti villa, liha ja piima, lambad ei tee kunagi kurja, vaid toovad inimestele üksnes kasu. Nii nagu varem mainitud, Jeesus andis oma liha ja vere ja andis meile enesest viimase. Jeesus täitis täielikult Isa Jumala tahtele kuuletudes Jumala tahte ja hävitas Jumala ja patuste vahelise patumüüri. Isegi tänapäeval kasvatab Ta pidevalt meie südant, et sellest saaks puhas viljakas pinnas.

Nii nagu inimest lunastati Vana Testamendi ajal pattudest

härgade ja lammastega, andis Jeesus end ristiohvriks ja tegi oma vere läbi teoks igavese lunastuse (Heebrealastele 9:12). Kui me usume seda, peame me lihtsalt mõistma, kuidas Jeesus sai Jumalale vastuvõetavaks ohvriks, et me jääksime alati Jeesuse Kristuse armastuse ja armu eest tänulikuks ja järgiksime Tema elu.

3. peatükk

Põletusohver

„Sisikond ja jalad pestagu veega,
ja preester süüdaku see kõik altaril põlema:
see on põletusohver,
healõhnaline tuleohver Isandale!"

3. Moosese raamat 1:9

1. Põletusohvri tähendus

Põletusohver, esimene 3. Moosese raamatusse kirja pandud ohver, on kõigist ohvritest kõige vanem. „Põletusohver" tähendab etümoloogiliselt „sel tõusta laskmist." Põletusohver on altarile pandud ohver, mille tuli täielikult hävitab. See sümboliseerib inimese täit ohvrit, tema andumust ja vabatahtlikku teenimist. Ohvrilooma põletamise meeldiv lõhn on Jumalale meelepärane ja põletusohver on kõige tavalisem ohvritoomise meetod, mis näitab, et Jeesus kandis meie patu end täielikuks ohvriks andes ja seeläbi Jumalale healõhnaliseks ohvriks saades (Efeslastele 5:2).

Jumalale hea lõhna kaudu rõõmu valmistamine ei tähenda, et Jumal tunneks ohvriks toodud looma lõhna. See tähendab, et Ta võtab vastu Talle ohvri toonud inimese südame hea lõhna. Jumal uurib läbi, kui palju on inimeses jumalakartust ja missuguse armastusega see inimene Jumalale ohvri toob. Siis võtab Ta selle inimese andumuse ja armastuse vastu.

Jumalale põletusohvri toomiseks looma tapmine tähendab meie elu Jumalale andmist ja kuuletumist kõigele, mida Ta meil teha on käskinud. Teiste sõnadega, põletusohver tähendab vaimselt, et me elame täiesti Jumala Sõna kohaselt ja anname Talle puhtalt ja pühalt iga oma eluvaldkonna.

Tänapäeva mõistes on tegu meie südameväljendusega, lubades anda oma elu Jumalale Tema tahte kohaselt, käies lihavõtteteenistustel, lõikuspühateenistustel, tänupühateenistustel, jõuluteenistustel ja igal pühapäevasel teenistusel. Jumala ülistamine igal pühapäeval ja pühapäeva pühitsemine tõendab, et me oleme jumalalapsed ja meie vaim kuulub Temale.

2. Ohver põletusohvri toomiseks

Jumal käskis, et põletusohvriks oleks „veatu isane", mis sümboliseerib täiuslikkust. Ta tahab isaseid, sest need on tavaliselt emastest põhimõttekindlamad. Nad ei vangu edasi-tagasi ega paremale ja vasakule, ei ole riukalikud ja ei kõigu. Samuti tähendab see, et Jumal tahab „veatut" ohvriandi, et inimene peab Teda vaimus ja tões kummardama ja ei või Teda murtud vaimuga kummardada.

Kui me anname oma vanematele ande, võtavad nad need rõõmuga vastu, kui me anname armastuse ja hoolega. Kui me anname vastumeelselt, ei saa vanemad neid ande rõõmuga vastu võtta. Samamoodi ei võta Jumal vastu talle rõõmuta või kurnatuse, unega või uitmõtetega maadlevat ülistust. Ta võtab meie ülistuse rõõmuga vastu ainult siis, jui meie südamesügavus on täis taevalootust, tänu päästearmu ja meie Isanda armastuse eest. Alles siis teeb Jumal meile kiusatuse ja vaeva ajal pääsemise tee ja laseb meil kõiges edukas olla.

„Noor pull", mida Jumal 3. Moosese raamatus 1:5 ohvriks tuua käskis, tähistab noort pulli, keda ei ole veel paaritatud ja tähendab vaimselt puhtust ja Jeesuse Kristuse ausameelsust. Seega, too salm sisaldab Jumala soovi, et me tuleksime Tema ette lapsesarnase puhta ja siira südamega. Ta ei taha, et me käituksime lapsikult või ebaküpselt, vaid soovib, et me järgiksime last, kes on lihtne, kuulekas ja alandlik.

Noore härja sarved ei ole veel kasvanud, seega ta ei puska ja temas ei ole kurjust. Ka need iseloomujooned iseloomustavad Jeesust Kristust, kes on leebe, alandlik ja tasane nagu laps. Nii nagu Jeesus Kristus on veatu ja täiuslik Jumala Poeg, peab ka Temaga võrreldav ohvriand olema laitmatu ja plekita.

Malaki 1:6-8 noomib Jumal karmilt Iisraeli rahvast, kes tõi Talle rikutud ebatäielikke ohvriande:

> *Poeg austab isa ja sulane isandat. Aga kui mina olen isa, kus on siis minu au? Ja kui mina olen Isand, kus on siis minu kartus? ütleb vägede Isand teile, preestrid, kes te põlgate minu nime. Aga te ütlete: „Kuidas me põlgame su nime?" Te toote mu altarile rüvetatud leiba. Aga te ütlete: „Kuidas me rüvetame sind?" Sellega, et ütlete: „Isanda laud on põlastusväärne." Jah, kui te toote ohvriks pimeda, siis ei olevat see paha; või kui te toote lonkaja või tõbise, siis ei olevat see paha. Vii see ometi oma maavalitsejale! Kas temal on sinust hea meel või kas ta peab sinust lugu? ütleb vägede Isand.*

Me peame Jumalale tooma plekita, veatu ja täiusliku ohvrianni, kummardades Teda vaimus ja tões.

3. Eritüüpi ohvrite tähendus

Õigluse ja halastuse Jumal näeb inimese südant. Seega ei huvita Teda ohvrianni suurus, väärtus ega hind, vaid hoolikus, millega iga inimene usu läbi annab, vastavalt tema oludele. Nii nagu Ta ütleb meile 2. Korintlastele 9:7: „*Igaüks andku nii, nagu ta süda on lubanud, mitte nördinult või sunnitult, sest Jumal armastab rõõmsat andjat,*" võtab Jumal hea meelega vastu selle, mida me Talle rõõmuga oma oludele vastavalt anname.

3. Moosese raamatu 1. peatükis selgitab Jumal väga üksikasjalikult, kuidas noori pulle, lambaid, kitsi ja linde ohvriks tuua. Kui kõige kohasemad põletusohvrid Jumalale on noored veatud pullid, ei suuda mõned inimesed pulle võimaldada. Sellepärast lubas Jumal oma halastusest ja kaastundest inimestel tuua Talle ohvrianniks lambaid, kitsesid või tuvisid, vastavalt igaühe oludele ja tingimustele. Milline vaimne tähendus sellel on?

1) Jumal võtab vastu iga inimese võimete kohaselt Talle toodud ohvriannid.

Inimeste rahaline võimekus ja olud erinevad; mõne jaoks väike summa võib teiste jaoks suur summa olla. Sellepärast võttis Jumal hea meelega vastu iga inimese võimete kohaselt ohvrianniks toodud lambad, kitsed või tuvid. Jumal lasi ona õigluse ja armastuse tõttu igaühel, kes oli kas rikas või vaene, oma võimete kohaselt ohvriandide toomisest osa saada.

Jumal ei võta üksnes rõõmuga vastu Talle toodud kitse kellegi poolt, kes oleks suutnud võimaldada pulli toomist. Aga Jumal võtab hea meelega vastu ja vastab kiiresti Talle pulli ohvriks toonud, kuid vaid lammast ohvriks võimaldada suutva inimese südamesoovidele. Hoolimata sellest, kas ohvriks toodi pull, lammas, kits või tuvi, ütles Jumal, et see kõik oli Teda „rahustav hea lõhn" (3. Moosese raamat 1:9, 13, 17). See tähendab, et kuigi toodud ohvriannid on erinevast kategooriast, kui me Jumalale kogu südamest midagi anname, sest Jumal näeb inimsüdant, ei ole sellel vahet, sest kõik need annid on Ta silmis rahustavaks heaks lõhnaks.

Markuse 12:41-44 on lugu, kus Jeesus kiidab vaest lesknaist tema ohvrianni eest. Kaks väikest vaskmünti, mida ta andis, olid selle aja kõige väiksemad rahaühikud, aga naise jaoks oli see kõik, mis tal oli. Hoolimata meie ohvrianni suurusest, kui me anname Jumalale parimat, mida me võimaldada suudame ja teeme seda rõõmuga, saab sellest Talle rõõmu toov ohvriand.

2) Jumal võtab igaühe intellekti kohase ülistuse vastu.

Kui Jumala Sõna kuulata, erineb arusaamine ja arm igaühe intellektile, haridustaustale ja teadmistele vastavalt. Isegi sama ülistusteenistuse ajal on mõned inimesed taibukamad ja rohkem õppinud ja teiste, vähem intelligentsemate ja mitte nii kaua aega õppimisega tegelenud inimeste arusaamine ja Jumala Sõna mäletamise võime on väiksem. Kuna Jumal teab seda kõike, tahab Ta, et igaüks ülistaks oma intellekti kohaselt kogu südamest ja mõistaks Jumala Sõna ning elaks sellele vastavalt.

3) Jumal võtab ülistuse vastu vastavalt iga inimese vanusele ja vaimuteravusele.

Kui inimesed vananevad, hakkab nende mälu ja arusaamine kõikuma. Sellepärast ei suuda paljud vanemad inimesed Jumala Sõnast aru saada ega seda meelde jätta. Isegi siis, kui niisugused inimesed on siira südamega ülistusele pühendunud, teab Jumal igaühe olusid ja võtab nende ülistuse rõõmuga vastu.

Pidage silmas, et kui keegi ülistab Püha Vaimu sisendusel, on Jumala vägi temaga ka siis, kui tal jääb vajaka tarkusest või teadmistest või kui tegu on vanainimesega. Jumal aitab tal Püha Vaimu abil Sõnast aru saada ja sellest oma leiva teha. Seega ärge andke alla, öeldes: „Mul jääb sellest vajaka" või „ma püüdsin, aga ma ikka ei suuda," vaid andke oma parim kogu südamest ja taotlege Jumala väge. Meie armastuse Jumal võtab rõõmuga vastu Talle toodud ohvriannid, vastavalt igaühe parimale pingutusele ja igaühe oludele ja tingimustele. Sellepärast pani Ta 3. Moosese raamatusse nii üksikasjalikult kirja põletusohvrite ohverdamist puudutava ja kuulutas oma õiglust.

4. Härgade ohverdamine (3. Moosese raamat 1:3-9)

1) Noored laitmatud pullid kogudusetelgi ukseavause ees

Kogudusetelgi sees asuvad pühamu ja pühamast püham paik. Ainult preester võis minna pühamusse ja üksnes ülempreester võis korra aastas pühamast pühamasse paika siseneda. Sellepärast said tavalised inimesed, kes ei saanud pühamusse sisse pääseda, noori pulle kogudusetelgi ukseava ees põletusohvriks tuua.

Aga kuna Jeesus hävitas Jumala ja meie vahelise patumüüri, võib meil nüüd olla Jumalaga otsene ja lähedane osadus. Vana Testamendi aja inimesed tõid kogudusetelgi ukseavause ette ohvriande oma tegudega. Aga, kuna Püha Vaim on meie südame oma templiks teinud ja elab seal ning on meiega täna osaduses, oleme me Uue Testamendi ajal saanud õiguse Jumala ette pühamast pühamasse paika minna.

2) Põletusohvri pea peale käte panemine patu ülekandmise ja tapmise jaoks

3. Moosese raamatus 1:4 ja edasi kirjutatakse: *"Ja ta pangu oma käsi põletusohvri pea peale, et see leiaks armu tema heaks ja tooks temale lepituse!"* Käe põletusohvri pea peale panek sümboliseeris pattude ülekannet põletusohvrile ja Jumal sai alles siis põletusohvri vere läbi patu andestada.

Käte pealepanek tähistab patu ülekandele lisaks ka õnnistusi ja võidmist. Me teame, et Jeesus pani oma käe inimese peale lapsi õnnistades või haigeid haigustest ja nõtrustest terveks tehes. Käte pealepanemisega andsid apostlid inimestele Püha Vaimu vastuvõtmiseks edasi ja annid muutusid veelgi külluslikumaks. Samuti tähistab käe pealepanek, et teatud ese anti Jumalale. Kui jumalasulane paneb oma käe erinevate ohvriandide peale, näitab see, et need on Jumala omandiks antud.

Õnnistussõnad ülistusteenistuste või teenistuste või palvekoosoleku lõpus, kus öeldakse meieisapalvet, on ette nähtud, et Jumal võiks need teenistused või koosolekud rõõmuga vastu võtta. 3. Moosese raamatus 9:22-24 on koht, kus ülempreester Aaron „*tõstis oma käe üles rahva poole ja õnnistas neid*" pärast seda, kui ta oli Jumalale Ta juhiste kohaselt patuohvri ja põletusohvrid toonud. Pärast hingamispäeva pühitsemist ja teenistuse õnnistusega lõpetamist kaitseb Jumal meid vaenlase kuradi ja saatana eest ning kiusatuste ja vaevade eest ning laseb meil kogeda ülevoolavaid õnnistusi.

Mida tähendab, et inimene tapab põletusohvriks noore veatu pulli? Kuna patu palk on surm, pidi inimene enese eest loomad tapma. Noor paaritumata pull on sama imetlusväärne nagu süütu lapsuke. Jumal tahtis, et iga põletusohvri tooja annaks selle süütu lapse laadse südamega ja ei teeks enam kunagi pattu. Sel eesmärgil tahtis Ta, et igaüks parandaks oma pattudest meelt ja oleks oma südames otsusekindel.

Apostel Paulus oli hästi teadlik sellest, mida Jumal tahtis ning sellepärast „suri ta iga päev" ka pärast oma pattude andeks saamist ja jumalalapse meelevalla ja väe saamist. Ta tunnistas seda 1. Korintlastele 15:31: „*Ma suren iga päev, nii tõesti kui teie, vennad, olete mu kiitlemine, mis mul on Kristuses Jeesuses, meie Isandas,*" sest me võime oma ihu Jumalale pühaks elavaks ohvriks anda alles pärast seda, kui me oleme vabanenud kõigest jumalavastasest nagu väärusest südames, kõrkusest, ahnusest, oma mõttemallidest, eneseõigusest ja igasugusest muust kurjusest.

3) Preester piserdab verd altari ümbrusesse

Pärast seda, kui tapetakse noor pull, kellele kanti üle ohvriandi toonud inimese patud, piserdab preester kogudusetelgi ukseavause juures oleva altari ümbrusesse verd, kuna 3. Moosese raamatus 17:11 kirjutatakse: „*Sest liha hing on veres, ja selle ma olen teile andnud altari jaoks lepituse toimetamiseks teie hingede eest; sest veri lepitab temas oleva hinge tõttu,*" veri sümboliseerib elu. Sellepärast valas Jeesus meie patust lunastamiseks oma vere.

„Altari ümbrusesse" tähendab idasse, läände, põhja ja lõunasse või lihtsamalt „kuhu iganes inimene läheb." „Altari ümbrusesse" vere piserdamine tähendab, et inimese patud andestatakse, kuhu iganes ta ka ei läheks. See tähendab, et me saame igal moel tehtud pattude eest andestuse ja meid juhatatakse teele, mida mööda Jumal tahab meid viia, eemale suundadest, mida me peaksime kõige kindlamalt vältima.

Tänapäeval on samamoodi. Altar on kantsel, kust kuulutatakse Jumala Sõna ja jumalasulane, kes ülistusteenistust juhatab, etendab verd piserdava preestri osa. Ülistusteenistustel kuuleme me Jumala Sõna ja usu ning meie Isanda vere väega saame me andeks kõik, mida me oleme Jumala tahte vastaselt teinud. Kui me oleme vere läbi pattude andestuse saanud, tuleb meil üksnes minna ja suunduda sinna, kuhu Jumal tahab ja minna edasi, et alati patu tegemisest eemal olla.

4) Põletusohvri nülgimine ja tükeldamine

Põletusohvriks toodud loom tuleb esmalt nülgida ja siis

täielikult tules hävitada. Loomanahad on sitked ja neid on raske täielikult ära põletada ja nad haisevad põlemise ajal. Seega tuleb ohvrilooma meeldiva lõhnaga ohverdamise jaoks loom esiteks nülgida. Millise tänapäevase ülistusteenistuse küljega saab seda protseduuri võrrelda?

Jumal tunneb Teda ülistava inimese head lõhna ja Ta ei võta vastu midagi, mis ei ole healõhnaline. Selleks, et ülistus oleks Jumala jaoks rahustav lõhn, tuleb meil „vabaneda maailma poolt määritud väljanägemisest ja tulla Jumala juurde jumalikult ja pühalt." Kogu oma eluajal kohtume me erinevate elu külgedega, mida ei saa Jumala ees patuseks pidada, kuid mis on kaugel jumalikkusest või pühadusest. Maailmalik väljanägemine, mis meil oli enne meie elu Kristuses, võib edasi püsida ja ekstravagantsus, edevus ja uhkustamine võivad meie vaateväljale kerkida.

Näiteks, mõnedele inimestele meeldib minna turule või kaubamajadesse, et „kauba väljapanekut vaadelda", seega nad lähevad ja ostlevad kombekohaselt. Teised on televisiooni või videomängude sõltuvuse küüsis. Kui niisugused asjad võtavad meie südame oma valdusesse, kasvame me Jumala armastusest lahku. Lisaks, kui me uurime end, leiame me maailma poolt määrdunud väära välimust ja Jumala silmis ebatäielikku väljanägemist. Selleks, et Jumala ees täiuslik olla, peame me kõigest sellest vabanema. Kui me hakkame Teda ülistama, tuleb meil esiteks kõigist niisugustest maailmalikest elu külgedest meelt parandada ja meie süda peab muutuma jumalikumaks ja pühamaks.

Maailmast määrdunud patusest, ebapuhtast ja ebatäiuslikust

välimusest meelt parandamine enne ülistusteenistust on võrdväärne põletusohvriks toodava looma nülgimisega. Selle tegemiseks peame me oma südame ülistusteenistustele varakult kohale tulekuga korralikult ette valmistama. Tehke kindlasti Jumalale tänupalvet selle eest, et Ta andestas teile kõik teie patud ja on teid kaitsnud ning tehke end läbi uurides meeleparanduse palve.

Kui inimene tõi Jumalale nülitud, tükeldatud ja põlema pandud loomad, andestas Jumal omakorda inimesele tema üleastumised ja patud ning lasi preestril ülejäänud loomanahkadega teha seda, mida ta heaks pidas. „Tükeldamine" tähendab looma pea ja jalgade, külgede ja tagatükkide äralõikamist ja sisikonna eemaldamist.

Kui me pakume enesest vanematele ja auväärsematele isikutele puuvilja nagu näiteks arbuuse või õunu, ei anna me neile tervet vilja; me koorime vilja ja teeme selle serveerimiseks valmis. Samamoodi, kui me Jumalale ohvreid toome, ei põleta me kogu ohvrit, vaid esitame selle ohvri talle korralikult korrastatud viisil.

Missugune vaimne tähendus on ohvrite „tükeldamisel"?

Esiteks liigitatakse eri ülistuse tüüpe, millega Jumalat ülistatakse. On pühapäevahommikused ja pühapäevaõhtused teenistused, kolmapäevaõhtused teenistused ja reedeöised teenistused. Ülistusteenistuste jaotamine võrdub nende ohvriandide „tükeldamisega."

Teiseks, meie palvesisu jaotamine võrdub ohvriandide „tükeldamisega." Üldiselt on palve jagatud meeleparanduseks ja kurjade vaimude väljaajamiseks, millele järgneb tänupalve. Siis tulevad koguduse teemad; pühamu ehitus; palve jumalasulaste ja koguduse töötegijate eest; meie ülesannete täitmise eest; et meie hinge lugu hea oleks; meie südamesoovide eest ja lõpupalve. Muidugi võime me palvetada tänaval käies, autot juhtides või puhates. Me võime osaduses olla vaikuses, mõteldes ja mõtiskledes Jumala ja meie Isanda üle. Pidage meeles, et mõtiskluse aegadele lisaks on palveteemade kaupa Jumala appihüüdmine täpselt sama oluline nagu ohvri tükeldamine. Jumal võtab siis teie palve rõõmuga vastu ja vastab sellele kiiresti.

Kolmandaks, ohvrianni „tükeldamine" tähendas, et terviklik Jumala Sõna on jagatud 66 raamatuks. Piibli 66 raamatut selgitavad ühiselt elavast Jumalast ja pääsemise ettehooldest Jeesuse Kristuse kaudu. Ometi on Jumala Sõna jaotatud eraldi raamatuteks ja Tema Sõna igas raamatus on ühtne, ilma igasuguse raamatutevahelise erinevuseta. Kuna Jumala Sõna on jaotatud eri kategooriateks, edastatakse Jumala tahet süstemaatilisemalt ja meil on lihtsam sellest omale leib teha.

Neljas ja kõige olulisem – ohvrianni „tükeldamine" tähendab, et ülistusteenistus on jagatud ja koosneb eri osadest. Teenistuse eelsele meeleparanduspalvele järgneb järgmine osa, lühike mõtisklusaeg, mis valmistab teenistuseks ette ja juhatab selle sisse ning teenistus lõpeb kas meieisapalve või õndsakskiitmisega.

Vahepeal ei ole üksnes Jumala Sõna kuulutamine, vaid ka eestpalve, kiitus, piiblisalmide lugemine, ohvriand ja muud osad. Igal protsessil on oma tähendus ja ülistus, mis toimub teatud korra järgi, võrdub ohvriks toodu tükeldamisega. Täpselt samamodi nagu iga ohvri osa põletamine teeb põletusohvri täielikuks, tuleb meil täielikult algusest lõpuni kogu teenistusele pühenduda. Osalejad ei või hilja saabuda ega tõusta, et teenistuse ajal isiklikke asju ajama minna, juhul kui see pole absoluutselt vajalik. Mõned inimesed peavad koguduses teatud ülesandeid teostama, nad teevad vabatahtlikku tööd või teenivad kohanäitajatena ja sel juhul on lubatud kohalt lahkuda. Inimesed võivad soovida kolmapäevaõhtusele või reedeöisele koosolekule õigeaegselt kohale jõuda, aga võivad olla sunnitud kas töö tõttu või muude vältimatute olukordade tõttu hiljaks jääma. Sel juhul näeb Jumal nende südant ja võtab nende ülistuse hea lõhna vastu.

5) Preester teeb altarile tule ja paneb puud tulle

Pärast ohvrianni tükeldamist peab preester kõik tükid altarile seadma ja need põlema panema. Sellepärast antakse preestrile juhis „altarile tuli teha ja puud tulle panna." Siin tähistab „tuli" vaimselt Püha Vaimu tuld ja „küttepuud" tähistab Piibli konteksti ja sisu. Iga sõna Piibli 66 raamatus tuleb kasutada küttepuuna. „Puude tullepanek" tähendab vaimses mõttes igast Piiblis sisalduvast sõnast vaimse leiva tegemist Püha Vaimu töö abil.

Näiteks, Luuka 13:33 ütleb Jeesus: *„Ei sobi, et prohvet hukataks mujal kui Jeruusalemmas."* Seda salmi on asjatu otseselt mõista, sest me teame, et paljud Jumala rahva seast nagu apostel Paulus ja Peetrus, surid „Jeruusalemmast väljaspool." Aga selles salmis ei tähistab „Jeruusalemm" füüsilist linna, vaid Jumala südant ja tahet kandvat linna, mis on „vaimne Jeruusalemm" ehk omakorda „Jumala Sõna." Seega tähendab „ei sobi, et prohvet hukataks mujal kui Jeruusalemmas", et prohvet elab ja sureb Jumala Sõna raames.

Piiblist loetu ja ülistusteenistuste ajal kuulatud jutluste sõnumite mõistmine võib sündida ainult Püha Vaimu sisendusel. Iga osa Jumala Sõnast, mis jääb kaugemale inimese teadmistest, mõtetest ja arutlustest, võib mõista Püha Vaimu sisendusel ja siis me võime Sõna kogu südamest uskuda. Kokkuvõttes, me kasvame vaimselt ainult siis, kui me oleme Püha Vaimu tegude ja sisenduse abil Jumala Sõnast aru saanud, mis annab meile me südamesse juurduva Jumala südame.

6) Tükkide, pea ja rasva seadmine puude peale, mis on altaril olevas tules

3. Moosese raamatus 1:8 öeldakse: *„Ja preestrid, Aaroni pojad, seadku tükid koos pea ja rasvaga puude peale, mis on altaril olevas tules!"* Preester peab põletusohvri jaoks seadma tükeldatud tükid, pea ja rasva.

Põletusohvri pea põletamine tähistab igasuguste peast tulevate ebatõdede ärapõletamist, sest meie mõtted tulevad peast ja suurem osa pattudest saab alguse peast. Maailma inimesed ei mõista kedagi hukka ega pea patuseks inimest, kes ei tee tegudes nähtavat pattu. Aga nii nagu kirjutatakse 1. Johannese 3:15:

„*Igaüks, kes vihkab oma venda, on mõrvar,*" Jumal kutsub vihkamist iseenesest patuks.

Jeesus lunastas meid meie patust 2000 aasta eest. Ta lunastas meid pattudest, mida me ei tee vaid käte ja jalgadega, vaid ka oma peaga. Jeesus löödi käte ja jalgadega ristile, et meid lunastada pattudest, mida me teeme oma käte ja jalgadega ja Ta kandis okaskrooni, et lunastada meid pattudest, mida me teeme oma peast tulevate mõtetega. Kuna me mõttes tehtavad patud on meile juba andeks antud, ei pea me Jumalale loomapead ohvrianniks andma. Loomapea asemel tuleb meil oma mõtted Püha Vaimu tuleleegiga ära põletada ja me teeme seda igasugustest valemõtetest vabanemise ja alati tõest mõtlemise kaudu.

Kui me alati tõde eneses hoiame, ei hoia me enam eneses ebatõeseid ega uitmõtteid. Kuna Püha Vaim juhatab inimesi uitmõtteid eemale heitma, sõnumile keskenduma ja oma südamesse ülisteenistuse ajal sõnumit uuristama, suudavad nad Jumalale vastuvõetavat vaimset ülistust tuua.

Lisaks, rasv, mis on tahke loomarasv, on energia ja elu enese allikas. Jeesusest sai ohver, kes valas kogu oma vere ja vee. Kui me usume, et Jeesus on meie Isand, ei ole meil enam vaja Jumalale loomarasva ohvriks tuua.

Aga „Isandasse uskumine" ei täitu vaid siis, kui me tunnistame oma huultega: „Ma usun." Kui me tõesti usume, et Isand on meid patust lunastanud, peame me patust vabanema, Jumala Sõna abil muutuma ja püha elu elama. Isegi ülistuse ajal tuleb meil anda kogu oma energia – oma ihu, süda, tahe ja ülim püüd – ja tuua Jumalale ohvriks vaimne ülistusteenistus. Inimene, kes annab kogu oma energia ülistusse, ei talleta vaid Jumala Sõna oma pähe, vaid teeb selle oma südames teoks. Üksnes siis, kui Jumala Sõna teostub inimsüdames, võib sellest saada elu, tugevus ja vaimsed ning füüsilised õnnistused.

7) Preester peseb veega sisikonna ja jalad ja ohverdab selle kõik altarisuitsus

Kui muid osi ohverdatakse nii nagu need on, käskis Jumal, looma ebapuhtad osad – sisikonna ja jalad, veega pesta ja ohvriks tuua. „Veega pesemine" tähendab ohvriandi toova inimese ebapuhtuse ärapesemist. Missugused ebapuhtused vajavad ärapesemist? Kui Vana Testamendi aja inimesed puhastasid ohvrianni ebapuhtusest, peavad Uue Testamendi inimesed oma südame ebapuhtusest puhtaks pesema.

Matteuse 15. peatükis on juhtum, kus variserid ja kirjatundjad noomivad Jeesuse jüngreid, sest nad sõid pesemata kätega. Jeesus ütles neile: *„Inimest ei rüveta see, mis ta suust sisse läheb, vaid see, mis suust välja tuleb, rüvetab inimest"* (11. salm). Suust välja tuleva mõju lõpeb väljutamisega; aga suust välja tulev tuleb südamest ja sellel on kestev mõju. Kuna Jeesus jätkas salmides 19-20: *„Sest südamest lähtub kurje mõtteid, mõrvamist, abielurikkumist, hooramist, vargust, valetunnistust, pühaduseteotust. Need on, mis inimest rüvetavad, aga pesemata kätega söömine ei rüveta inimest,"* meil tuleb Jumala Sõna abil süda patust ja kurjusest puhastada.

Mida rohkem Jumala Sõna meie südamesse sisenenud on,

seda rohkem pattu ja kurjust eemaldatakse ja meid puhastatakse. Näiteks, kui inimene teeb armastusest omale leiva ja elab selle kohaselt, eemaldatakse vihkamine. Kui inimene teeb alandlikkusest omale leiva, asendab see kõrkust. Kui inimene teeb omale tõest leiva, kaovad valskus ja valelikkus. Mida rohkem inimene tõest omale leiba teeb ja elab sellest, seda rohkem vabaneb ta patusest loomusest. Loomulikult kasvab tema usk pidevalt ja jõuab Kristuse täisea täiuse mõõduni. Jumala vägi ja meelevald käivad temaga kaasas vastavalt tema usu suurusele. Siis ei täitu üksnes ta südamesoovid, vaid ta on ka igas oma eluvaldkonnas õnnistatud.

Üksnes pärast sisikonna ja jalgade pesemist ja nende tulele panekut tuleb neist rahustavat head lõhna. 3. Moosese raamatus 1:9 määratluse kohaselt *„see on healõhnaline tuleohver Isandale!"* Kui me toome Jumalale Tema põletusohvritest rääkiva Sõna kohast vaimset vaimus ja tões ülistusteenistust, on see ülistus tuleohver, millest Jumalal on hea meel ja mis võib Tema palvevastused tuua. Meie ülistav süda on Jumala silmis hea lõhn ja kui Tal on hea meel, teeb Ta iga meie eluvaldkonna edukaks.

5. Lammaste või kitsede ohverdamine (3. Moosese raamat 1:10-13)

1) Veatu noor isane lammas või kits

Pullide ohverdamisega täpselt sarnaselt, hoolimata sellest,

kas tegu on lamba või kitsega, peab ohvrianniks olema noor isane veatu loom. Vaimses mõistes tähendab veatu ohvriand Jumala kummardamist täiusliku südamega, mis on tähistatud rõõmu ja tänuga. Jumala käsk tuua ohvriks isane loom tähistab „otsusekindla südamega kõhklematut ülistust." Kui ohvriand võib igaühe rahalistele võimetele vastavalt erineda, peab ohvriandi toova inimese suhtumine olema alati püha ja täiuslik, hoolimata ohvriannist.

2) Ohvriand tuleb tappa altari põhjapoolses küljes ja preester piserdab selle vere altari neljale küljele

Nii nagu on lood pullide ohvriks toomisega, piserdatakse loomaverd altari külgedele igal pool — idas, läänes, põhjas ja lõunas tehtud pattude eest andestuse saamiseks. Jumal lasi lepitusel inimese vere asemel Talle ohvriks toodud loomaverega aset leida.

Miks Jumal käskis ohvriandi altari põhjapoolses küljes tappa? „Põhjapoolne suund" ehk „põhjapoolne külg" sümboliseerib vaimselt külma ja pimedust, seda väljendit kasutatakse sageli, et tähistada midagi, mida Jumal korrigeerib või noomib või millest Tal ei ole head meelt.

Jeremija 1:14-15 kirjutatakse:

„Põhjakaarest pääseb lahti õnnetus kõigi maa elanike peale. Sest vaata, ma kutsun kõiki suguvõsasid põhjapoolseist kuningriikidest, ütleb Isand, ja need tulevad ning asetavad igaüks oma

aujärje Jeruusalemma väravate ette ja kõigi selle müüride vastu ümberringi, ja kõigi Juuda linnade vastu."

Jeremija 4:6 ütleb Jumal meile: „*Tõstke lipp Siioni poole, põgenege, ärge peatuge! Sest mina toon põhja poole õnnetuse ja suure hävingu.*" Piiblist võib näha, et „põhjapoolne suund" tähistab Jumala distsipliini ja noomimist ja selle kohaselt oli loom, millele pandi kõik inimese patud ja mis tuli tappa „põhjapoolsel küljel", needuse sümbol.

3) **Ohvriand tükeldatakse ja selle pea ja rasv seatakse puude peale, sisikond ja jalad pestakse veega ning see kõik tuuakse ohvriks altarisuitsus**

Pullide põletusohvri taoliselt saab Jumalale meie pea, käte ja jalgadega tehtud pattude andestuseks samamoodi lamba või kitse põletusohvrit tuua. Vana Testament on nagu vari ja Uus Testament nagu kuju. Jumal tahab, et me saaksime mitte vaid tegudes tehtud pattude andestuse, vaid oleksime ümberlõigatud südamega ja elaksime Tema Sõna kohaselt. See tähendab Jumalale kogu ihu, südame ja tahtega vaimse ülistusteenistuse toomist ja Jumala Sõnast Püha Vaimu sisendusel leiva tegemist, et väärusest vabaneda ja tõe kohaselt elada.

6. Lindude ohverdamine (3. Moosese raamat 1:14-17)

1) Turteltuvi või noor tuvi

Tuvid on kõigist lindudest kõige tasasemad ja targemad ja kuuletuvad inimestele hästi. Kuna nende liha on mahe ja tuvid on inimesele üldiselt kasulikud, käskis Jumal ohvriks tuua turteltuvisid või noori tuvisid. Tuvide seast tahtis Jumal ohvriks noori tuvisid, sest Ta tahtis saada puhtaid ja tasaseid ohvreid. Need noori tuvisid iseloomustavad jooned sümboliseerivad ohvriks saanud Jeesuse alandlikkust ja tasasust.

2) Preester toob ohvrianni altarile, väänab selle pea otsast, rebib seda tiibadest, kuid ei eralda neid; preester toob selle altarisuitsus ohvriks ja selle veri valgub altari küljele

Kuna noored tuvid on väga väikese suurusega, ei saa neid tappa ja siis tükeldada ja ainult väike kogus nende verest saab valatud. Sellepärast väänatakse selle pea otsast ja lastakse verel ära valguda, erinevalt teistest loomadest, kes tapetakse põhjapoolse altari küljel; see osa sisaldab ka tuvipea peale käe panekut. Kui ohvrianni veri tuleb piserdada altari ümber, toimub lepitustseremoonia ainult vere altariküljele valgumisega tuvis sisalduva vähese verekoguse tõttu.

Lisaks, kuna tuvi kehaehitus on väike, muutuks ta tükeldamise järgselt äratundmatuks. Sellepärast demonstreeritakse vaid tuvi tiibadest tirimise laadset tegu tiibu kehast eraldamata. Lindude jaoks on tiivad nende elu. Tuvi tiibadest tõmbamine sümboliseerib, et inimene on end täielikult Jumalale allutanud ja isegi oma elu Talle andnud.

3) Ohvrianni sulgedega pugu heidetakse altari idapoolsele küljele tuhaasemele

Enne ohvrilinnu ohverdamiseks tulle panekut eraldatakse linnu pugu koos sulgedega. Kui pullide, lammaste ja kitsede sisikonda ei visata minema, vaid süüdatakse pärast veega puhtaks pesemist põlema, siis tuvi kitsast pugu ja sisikonda on raske puhastada ja Jumal lubas need ära visata. Tuvi sulgedega pugu äraviskamine sümboliseerib pullide ja lammaste ebapuhaste osade puhastamise laadselt meie ebapuhta südame ja minevikus tehtud patusest käitumisest ja kurjusest puhastamist Jumala vaimus ja tões kummardamisega.

Sulgedega linnupugu tuleb visata altari idaküljele tuhaasemele. 1. Moosese raamatus 2:8 kirjutatakse, et Jumal *„istutas Eedeni rohuaia päevatõusu poole."* „Päevatõusu pool" tähendab vaimselt valgusega ümbritsetud ruumi. Isegi maa peal, kus me elame, tõuseb päike idast ja pärast päikesetõusu on ööpimedus minema aetud.

Mida tähendab sulgedega tuvipugu altari idapoolsele küljele viskamine?

See sümboliseerib meie esiletulekut Isanda ees, kes on Valgus, pärast patu ja kurjuse ebapuhtusest vabanemist, andes need Jumalale põletusohvriks. Nii nagu kirjutatakse Efeslastele 5:13: *„Aga kõik valguse poolt paljastatu saab avalikuks,"* vabaneme me valgusesse tulles jumalalasteks saades eneses leitud patu ja kurjuse ebapuhtusest. Seega, ohvrianni ebapuhtuse idasse heitmine tähistab vaimselt seda, kuidas meie – vaimse ebapuhtuse – patu ja kurjuse keskel elanud inimesed, vabaneme patust ja saame jumalalasteks.

Pullide, lammaste, kitsede ja lindude põletusohvrite varal võime me nüüd aru saada Jumala armastusest ja õiglusest. Jumal käskis põletusohvreid tuua, sest Ta tahtis, et Iisraeli rahvas võiks Talle alati põletusohvreid tuues igal hetkel oma elus Temaga otseses ja lähedases osaduses elada. Kui te peate seda meeles, loodan ma, et te ülistate vaimus ja tões ja ei pühitse üksnes hingamispäeva, vaid toote Jumalale aasta igal 365 päeval oma südamest rahustavat head lõhna. Siis valab meie Jumal, kes on lubanud meile: „*Olgu sul rõõm Isandast; siis Ta annab sulle, mida su süda kutsub!*" (Laul 37:4), meie ellu rikkuse ja imelised õnnistused kõikjal, kuhu me läheme.

4. peatükk

Roaohver

„Kui keegi tahab tuua Issandale roaohvrianni,
siis olgu ta ohvriand peenest jahust;
ta valagu selle peale õli ja pangu peale viirukit."

3. Moosese raamat 2:1

1. Roaohvri tähendus

3. Moosese raamatu 2. peatükis selgitatakse roaohvrit puudutavat ja kuidas seda Jumalale tuua nii, et see võiks olla elav ja püha ohvriand, millest Tal on hea meel.

Nii nagu kirjutatakse 3. Moosese raamatus 2:1: *"Kui keegi tahab tuua Isandale roaohvrianni, siis olgu ta ohvriand peenest jahust; ta valagu selle peale õli ja pangu peale viirukit,"* roaohver on Jumalale toodud peeneks jahvatatud jahust ohvriand. See on tähuohver Jumalale, kes on andnud meile elu ja annab meile meie igapäevast leiba. Tänapäeva mõistes tähistab see Jumalale meie eelmisel nädalal kaitsemise eest toodud tänuohvrit pühapäevasel ülistusteenistusel.

Jumalale toodud ohvrite seas nõutakse niisuguste loomade nagu pullidest või lammastest patuohvrite verevalamist, sest meie pattude andeks saamine loomavere valamisega tagab meie palvete ja anumiste Püha Jumala juurde jõudmise. Aga roaohver on tänuohver, mis ei nõua üldiselt eraldi verevalamist ja see tuuakse ühes põletusohvriga. Inimesed tõid Jumalale oma esmavilja ja muud head lõikuse ajal saadud viljast roaohvriks, sest Ta andis neile seemned, mida külvata, toidu ja kaitses neid lõikuseajani.

Jahu toodi tavaliselt roaohvriks. Selleks kasutati peenjahu, ahjuleiba ja varaküpseid värskeid viljapäid ja kõiki ohvriande maitsestati õli ja soolaga, millele lisati viirukit. Siis toodi suitsus Jumalale meelepärase lõhna pakkumiseks peotäis ohvriandi.

Sellest kirjutatakse 2 Moosese raamatus 40:29: *"Ta asetas*

põletusohvri altari elamu-kogudusetelgi ukse ette ja ohverdas selle peal põletus- ja roaohvreid, nagu Isand Moosest oli käskinud." Jumal käskis, et põletusohvri ohverdamisega samaaegselt tuli ka roaohver tuua. Seega, me oleme Jumalale täiesti vaimse ülistusteenistuse toonud alles siis, kui me toome Talle pühapäevastel ülistusteenistustel tänuohvreid.

„Roaohver" tähendab etümoloogiliselt „ohvriandi" ja „kingitust." Jumal ei taha, et me tuleksime erinevatele ülistusteenistustele tühjade kätega, vaid et me näitaksime oma tegudes tänulikku südant, tuues Talle tänuohvreid. Sellepärast ütleb Ta meile 1. Tessaloonikalastele 5:18: *„Tänage kõige eest – sest see on, mida Jumal teilt tahab Jeesuses Kristuses!"* ja Matteuse 6:21: *„Sest kus su aare on, seal on ka su süda."*

Miks me peame kõige eest tänama ja Jumalale roaohvreid tooma? Esiteks, kogu inimkond oli Aadama sõnakuulmatuse tõttu hävingu teel, aga Jumal andis meie patu lepituseks meile Jeesuse. Jeesus lunastas meid patust ja Tema läbi saime me igavese elu. Kuna Jumal, kes lõi kõik universumis oleva ja inimese, on nüüd meie Isa, võime me kogeda jumalalapse meelevalda. Ta lasi meil igavese Taeva eneste omandiks saada, kuidas me saaksime siis Teda mitte tänada?

Jumal annab samuti päikese ja valitseb vihma, tuult ja kliimat, kus me oleme, et me võiksime lõigata rikkalikku vilja, mille läbi Ta annab meile meie igapäevast leiba. Me peame Teda tänama. Lisaks, Jumal kaitseb maailmas, kus vohavad patt, ebaõiglus, haigused ja õnnetused, igaühte. Ta vastab meie usus tehtud palvetele ja õnnistab meid alati, et me elaksime võidukalt. Seega taas, kuidas me saaksime Teda mitte tänada!

2. Roaohvri ohvrid

3. Moosese raamatus 2:1 ütleb Jumal: *„Kui keegi tahab tuua Isandale roaohvrianni, siis olgu ta ohvriand peenest jahust; ta valagu selle peale õli ja pangu peale viirukit."* Jumalale toodud roaohver peab olema peeneks jahvatatud. Jumala käsk, et ohvriks toodud vili oleks „peen", tähistab seda, millise südamega me peame Talle ohvriande tooma. Viljast peeneks jahvatatud jahu tegemiseks läbib vili erinevad protsessid, mille hulka kuuluvad koorimine, jahvatamine ja sõelumine. Igaühe jaoks neist on vaja suurt vaeva ja hoolt. Peenjahust tehtud toidul on ilusa väljanägemisega värvus ja see on palju maitsvam.

Jumala käsk, et roaohver oleks „peeneks jahvatatud jahust" tähendab vaimselt, et Jumal võtab äärmise hoolega ja rõõmuga valmistatud ohvriannid vastu. Ta võtab rõõmuga vastu, kui me näitame tegudega oma tänulikku südant ja ei täna Teda pelgalt oma huultega. Seega me peame kindlaks tegema, et kui me toome kümnist või tänuohvrit, et me tooksime selle kogu südamest, et Jumal need heameelega vastu võtaks.

Jumal valitseb kõike ja Ta käsib inimesel omale ohvriande tuua, aga Ta ei tee seda sellepärast, et Tal oleks millestki puudus. Tal on vägi absoluutselt igaühe rikkuse suurendamiseks ja igaühelt vara ära võtmiseks. Jumal tahab meilt ohvriande saada, et Ta võiks meid veelgi rohkem ja rikkalikumalt õnnistada ohvriandide kaudu, mida me toome Talle usu ja armastusega.

Nii nagu kirjutatakse 2. Korintlastele 9:6: *"Aga see on nii: kes kasinasti külvab, see ka lõikab kasinasti, ja kes rohkesti külvab, see ka lõikab rohkesti,"* on külvatu kohane lõikus vaimumaailma seadus. Seega, Jumal õpetab meid Talle tänuohvreid tooma, et Ta võiks meid veelgi rikkalikumalt õnnistada.

Kui me usume seda ja toome seega ohvriande, peame me loomulikult neid kogu südamest andma, nii nagu me annaksime Jumalale peenjahust ohvriande ja me peame tooma Talle kõige kallimad ohvriannid, mis on laitmatud ja puhtad.

„Peenjahu" tähistab samamoodi Jeesuse iseloomu ja elu, mis on mõlemad täiuslikud. See õpetab meile ka, et nii nagu me anname peenjahu tehes enesest parima, peame me ka oma elu elama vaeva nähes ja kuulekalt.

Viljajahust roaohvreid tuues, pärast jahu ja õli segamist ja selle ahjus küpsetamist või selle taignana plaadile või küpsetuspannile valamist, tõid inimesed need altarisuitsus ohvriks. Eri viisidel roaohvrite ohverdamine tähendab, et inimeste elatise teenimise viisid ja tänu põhjused olid erinevad.

Teiste sõnadega, lisaks põhjustele, miks me pühapäeviti alati täname, võime me tänada õnnistuste saamise või oma südamesoovide täitumise eest, usu läbi kiusatustes ja läbikatsumistes võidu saamise ja sarnase eest. Aga täpselt nii nagu Jumal käskis meil „kõiges tänulik olla", tuleb meil leida tänuks põhjused ja vastavalt tänada. Üksnes siis võtab Jumal meie südame hea lõhna vastu ja teeb kindlaks, et meie elus oleks rohkelt põhjust tänu andmiseks.

3. Roaohvri jaoks andmine

1) Peenjahust roaohver sellel oleva õli ja viirukiga

Peenjahule õli pealekallamine teeb sellest taigna, millest saab suurepärase leiva teha, aga leivale viiruki lisamine suurendab kogu ohvrianni kvaliteeti ja väljanägemist. Kui see tuuakse preestrile, võtab ta peotäie peenjahu ja õli kogu viirukiga ja ohverdab selle altarisuitsus. Siis tuleb sellest rahustav hea lõhn.

Mida tähendab jahu peale õli valamine?

„Õli" tähendab siin loomarasvu või taimedest saadud vaiguõli. Peenjahu „õliga" segamine tähistab seda, et me peame andma iga oma energiaraasu – kogu oma elu – Jumalale ohverdamiseks. Kui me kummardame Jumalat või ohverdame Talle, annab Jumal meile Püha Vaimu sisenduse ja täiuse ja laseb meil elada elu, kus meil on Temaga otsene ja lähedane osadus. Õli pealevalamine sümboliseerib seda, et kui me anname Jumalale midagi, peame me seda Talle kogu südamest andma.

Mida tähendab ohvriannile viiruki lisamine?

Roomlastele 5:7 kirjutatakse: *„Vaevalt, et keegi läheb surma isegi õige eest, kuigi hea sõbra eest mõni ehk julgeks surra."* Ometi, Jeesus suri Jumala tahte kohaselt meie eest ja me ei olnud õiglased ega head, vaid patused. Aga kui rahustav oli Jeesuse armastuse hea lõhn Jumalale? Niimoodi hävitas Jeesus surma meelevalla, ärkas ellu, istus Jumala paremale käele, sai kuningate Kuningaks ja tõeliselt hindamatuks heaks lõhnaks Jumalale.

Efeslastele 5:2 õhutatakse meid *„ja käige armastuses, nõnda* *nagu Kristus meid on armastanud ja on iseenese loovutanud meie eest anniks ja ohvriks, magusaks lõhnaks Jumalale."* Kui Jeesus toodi Jumalale ohvriks, oli Ta nagu ohvriand, millele oli pandud viirukit. Sellepärast, nii nagu meie oleme saanud Jumala armastuse osalisteks, peame meiegi end Jeesuse kombel ohverdama hästi lõhnava ja rahustava hea lõhnana.

„Peenjahule viiruki peale panek" tähendab, et täpselt nii nagu Jeesus ülendas Jumalat oma iseloomu ja tegude aromaatse hea lõhnaga, peame meiegi elama kogu südamest Jumala Sõna kohaselt ja Teda Kristuse head lõhna eritades ülendama. Üksnes siis, kui me toome Kristuse head lõhna eritades Jumalale tänuohvreid, saavad meie ohvriannid Jumalale vastuvõtmist väärt roaohvriteks.

2) Haputaigna ja meelisandita

3. Moosese raamatus 2:11 kirjutatakse: *„Ühtegi roaohvrit, mille toote Isandale, ärge valmistage hapnenust, sest haputaignat ja mett ei tohi te iialgi süüdata põlema Isandale tuleohvriks!"* Jumal keelas mingit haputaignat Jumalale ohvrianniks toodud leivale lisada, sest nii nagu haputaigen paneb jahust tehtud taigna käärima, väärastab ja rikub vaimne „haputaigen" ohvrianni.

Muutumatu ja täiuslik Jumal tahab, et meie ohvriannid jääksid rikkumatuks ja et neid toodaks Talle nagu peenjahu – kogu südamest. Seega, kui me anname ohvriande, peame me seda tegema muutumatu, puhtaks pestud ja rikkumata südamega ning tänu, armastuse ja usuga Jumalasse.

Mõned inimesed mõtlevad ohvriande tuues selle peale, mida teised neist arvavad ja annavad vormitäiteks. On ka inimesi, kes annavad kurbuse ja murega. Aga nii nagu Jeesus hoiatas variseride haputaigna eest, mis on silmakirjalikkus, kui me anname, teeseldes ja olles vaid väliselt püha, taotledes teiste tunnustust, on meie süda nagu haputaignast määritud roaohver, millel ei ole Jumalaga midagi ühist.

Seega me peame igasuguse haputaignata andma ja tegema seda kogu südamest, Jumalat armastades ja tänades. Me ei või anda kadestades ega kurbuse ja murega, ilma usuta olles. Me peame andma rikkalikult, kindla usuga Jumalasse, kes võtab meie ohvrianni vastu ja õnnistab meid vaimselt ja füüsiliselt. Jumal käskis meile ohvrianni vaimse tähenduse õpetamiseks, et ühtegi ohvriandi ei tohtinud haputaignast teha.

Aga on kordi, mil Jumal lubab meil Talle haputaignast tehtud ohvriande tuua. Neid ohvriande ei panda suitsu sisse, vaid preester kõigutab neid altaril edasi-tagasi Jumalale toodud ohvrianni väljenduseks ja toob need inimestele jagamiseks ja söömiseks tagasi. Seda kutsutakse „kõigutusohvriks", millele lubati roaohvrist erinevalt lisada haputaignat, kui protseduure muudeti.

Näiteks, usuinimesed ei käi ülistusteenistustel ainult pühapäeviti, vaid ka kõigil muudel teenistustel. Kui nõrga usuga inimesed käivad pühapäevastel teenistustel, aga ei osale reedeõistel ega kolmapäevaõhtustel koosolekutel, ei pea Jumal nende käitumist patuseks. Protseduuridest rääkides, kui pühapäevasel teenistusel järgitakse rangeid korraldusi, võib kodugrupi liikmete või koguduseliikmete kodudes toimuvatel ülistusteenistustel, kuigi seal järgitakse samuti põhikorda, mis koosneb sõnumist, palvest ja kiitusest, protseduure oludele vastavalt muuta. Pidades kinni põhilistest ja vajalikest reeglitest, on asjaolu, et Jumal võimaldab oludest või usumõõdust sõltuvalt väheseks paindlikkuseks ruumi, haputaignaga ohvrite vaimse tähendusega.

Miks Jumal keelas mett lisada?

Haputaigna sarnaselt võib ka mesi peenjahu omadusi rikkuda. Mesi tähistab siin Palestiina datlimahlast tehtud magusat siirupit ja see võib lihtsalt käärima minna ja mädaneda. Sellepärast keelas Jumal jahu puhtust mee lisamisega rikkuda. Ta räägib meile samuti, et kui jumalalapsed ülistavad või toovad Talle ohvriande, peavad nad seda tegema täiuslikust südamest, kus pole pettust ega muutumist.

Inimeste arvates võib mee lisamine ohvriannile parema väljanägemise anda. Hoolimata sellest, kui hea miski inimese arvates välja näeb, on Jumalal hea meel võtta vastu seda, mida Ta teha on käskinud ja mida inimene on tõotanud Talle anda. Mõned inimesed tõotavad alguses Jumalale midagi teha, aga kui asjaolud muutuvad, muudavad nad meelt ja teevad midagi muud. Aga Jumala arvates on põlastusväärne, kui inimesed muudavad meelt millegi suhtes, mida Jumal neil teha on käskinud või nad muudavad omakasu saamiseks oma meelt millegi suhtes, mida nad Püha Vaimu tegutsemise ajal teha lubasid. Seega, kui inimene lubas ohverdada looma, peaks ta ilmtingimata selle Jumalale ohvriks tooma nii nagu on kirja pandud 3. Moosese 27:9-10: *„Ja kui on tegemist mõne loomaga, keda tohib tuua ohvrianniks Isandale, siis olgu igaüks, kelle ta Isandale annab, püha! Ta ei tohi seda asendada ega vahetada head halva või halba hea vastu; kui ta aga siiski vahetab looma loomaga, siis olgu ka selle asendaja püha!"*

Jumal tahab, et me annaksime Talle puhtast südamest mitte üksnes ohvriande, vaid kõike. Kui inimsüdames on kõhklemist või pettust, on niisuguste iseloomuomaduste tõttu näha Jumalale vastuvõetamatut käitumist.

Näiteks, kuningas Saul ei pidanud Jumala käskudest lugu ja muutis neid oma suva kohaselt. Selle tulemusel oli ta Jumalale sõnakuulmatu. Jumal käskis Saulil hävitada Amaleki kuninga, kogu rahva ja kõik loomad, aga pärast Jumala väe abil sõja võitmist ei järginud Saul enam Jumala käske. Ta jättis Amaleki kuninga Agagi ja parimad loomad ellu ja tõi nad endaga kaasa. Isegi kui Sauli noomiti, ei parandanud ta meelt, vaid jäi sõnakuulmatuks ja lõpuks Jumal hülgas ta.

4. Moosese raamatus 23:19 kirjutatakse: *„Jumal ei ole inimene, et Ta valetaks, inimlaps, et Ta kahetseks. Kas Tema ütleb, aga ei tee, või räägib, aga ei vii täide?"* Selleks, et me teeksime Jumalale head meelt, peab meie süda muutuma puhtaks. Hoolimata sellest, kui hea mingi asi inimesele ja tema mõtteviisile ka ei näiks, ei või ta kunagi teha seda, mida Jumal keelanud on ja see ei või kunagi – isegi aja jooksul muutuda. Kui inimene kuuletub Jumala tahtele puhta ja muutumatu südamega,

on Jumalal sellest hea meel. Ta võtab vastu inimese ohvriannid ja õnnistab teda.

3. Moosese raamatus 2:12 kirjutatakse: *„Esimese saagi ohvrianniks võite neid küll tuua Isandale, aga altaril ei tohi neid ohverdada magusaks lõhnaks."* Ohvriand peab olema hea lõhn, mille Jumal võtab hea meelega vastu. Siinsega keelab Jumal roaohvreid altarile suitsus ohverdamiseks ja lõhna eritamiseks panna. Roaohvri toomine ei seisne ohverdamise teos, vaid Jumalale oma südame hea lõhna ohvriks toomises.

Hoolimata sellest, kui palju häid asju ohvriks tuua, kui neid asju ei ohverdata südamega, millest Jumalal on hea meel, võib see inimese jaoks head lõhna eritada, kuid Jumala jaoks mitte. See sarnaneb laste andidega vanematele, mis tulevad tänulikust südamest ja armastusest nende sünnitamise armu ja armastuses üles kasvatamise eest ja mis ei ole antud vormitäiteks. See teeb vanematele tõelist rõõmu.

Samamoodi, Jumal ei taha, et me annaks kombe pärast, kinnitades iseendale, et me oleme teinud seda, mida me tegema pidime, vaid et meist lähtuks usu, lootuse ja armastuse head südamelõhna.

3) Maitsestage soolaga

3. Moosese raamatus 2:13 kirjutatakse: *„Ja kõik oma roaohvriannid soola soolaga, ärgu puudugu su roaohvrites su Jumala osadusesool; ohverda soola kõigis oma ohvriandides!"* Sool sulab ja takistab toidu riknemist ning annab toidule

maitseainet lisades maitse.

„Soolaga maitsestamine" tähendab vaimselt „rahu tegemist." Täpselt nii nagu sool peab toidu maitsestamiseks sulama, nõuab soola osa etendamine, mille kaudu me võime rahu teha, eneseohverdust enesele suremise teel. Seega, Jumala käsk roaohvrit soolaga maitsestada tähendab seda, et me peame rahu tegemiseks eneseohverduse teel Jumalale ohvriande tooma.

Selleks tuleb meil esiteks Jeesus Kristus vastu võtta ja Jumalaga rahu pidada, võideldes verevalamiseni pattudest, kurjusest, himust ja vanast minaolemusest vabanemise teel.

Oletame, et keegi teeb tahtlikult pattu, mis on Jumala silmis jõle ja siis toob Talle oma pattudest meelt parandamata ohvrianni. Jumal ei saa seda ohvriandi rõõmuga vastu võtta, sest selle inimese ja Jumala vaheline rahu on juba rikutud. Sellepärast kirjutas laulukirjutaja: *„Kui oleksin näinud oma südames nurjatust, ei oleks Isand mind kuulnud"* (Laul 66:18). Jumal ei võta rõõmuga vastu üksnes meie palvet, vaid Ta võtab vastu ka meie ohvriannid, tingimusel kui me oleme patust loobunud, Temaga rahu teinud ja Talle ohvriannid siis toonud.

Jumalaga rahu tegemiseks peab igaüks tooma enesele suremise ohvri. Täpselt nii nagu apostel Paulus tunnistas: „Ma suren igapäevaselt," ainult siis, kui inimene salgab end ja toob enesele suremise ohvri, võib ta Jumalaga rahu saavutada.

Meiegi peame olema rahus oma usuvendade ja –õdedega. Jeesus ütles meile Matteuse 5:23-24: *„Kui sa nüüd oma ohvriandi altarile tood ja sulle tuleb meelde, et su vennal on midagi sinu vastu, siis jäta oma and altari ette ja mine* *lepi esmalt ära oma vennaga ja alles siis tule ja too oma and!"*, Jumal ei võta meie ohvriandi hea meelega vastu, kui me teeme pattu, tegutseme kurjalt ja piiname oma vendi ja õdesid Kristuses.

Isegi kui vend on meile kurja teinud, me ei või teda vihata ega tema vastu nuriseda, vaid peame talle andestama ja temaga rahus olema. Hoolimata põhjustest, me ei või olla lahkhelide ja vaidlustega ega teha oma vendadele ja õdedele Kristuses haiget ning neid komistama panna. Üksnes pärast kõigiga rahutegemist ja oma südame täitmist Püha Vaimu, rõõmu ja tänuga, on meie ohvrid „maitsestatud soolaga."

Samuti on Jumala käsk „Maitsestage soolaga" lepingu põhitähenduseks, nii nagu kirjutatakse sõnades „teie Jumala lepingusool." Soola saadakse ookeaniveest ja vesi tähistab Jumala Sõna. Täpselt nii nagu sool annab alati soolast maitset, ei muutu Jumala lepingusõna mitte kunagi.

Jumalale ohvriks toodavate ohvriandide „soolaga maitsestamine" tähendab, et me peame usaldama ustava Jumala muutumatut lepingut ja kogu südamest andma. Tänuohvreid andes tuleb meil uskuda, et Jumal tasub kindlasti tihedaks vajutatud, raputatud ja kuhjaga mõõduga ning õnnistab meid kolmekümne, kuuekümne ja sajakordselt.

Mõned inimesed ütlevad lihtsalt: „Ma ei anna õnnistuse saamiseks, vaid lihtsalt niisama." Aga Jumalal on suurem rõõm alandlikult Tema õnnistusi taotleva inimese usust. Heebrealastele 11. peatükis räägitakse, et kui Mooses jättis Egiptuse valitseja trooni, „otsis ta tasu", mida üksnes Jumal võis talle anda. Meie Jeesus, kes otsis samuti tasu, ei hoolinud risti alandusest. Jeesus nägi suurt vilja – au, mida Jumal Talle omistas ja inimkonna pääsemist – ja suutis lihtsalt taluda õudsat ristikaristust.

Muidugi erineb „tasuootus" täiesti teise inimese kaalutlevast südamest, mis ootab midagi vastu, kuna ta on midagi juba andnud. Isegi kui tasu puudub, võib inimene olla Jumala armastuse tõttu valmis isegi oma elust loobuma. Ent õnnistusi taotlevat inimest õnnistada sooviva Isa Jumala südame sügavuse hoomamine ja Jumala väesse uskumine teeb Jumalale veelgi rohkem rõõmu. Jumal lubas, et inimene lõikab seda, mida ta külvab ja Ta annab neile, kes paluvad. Jumalal on hea meel meie ohvriandide toomisest Tema Sõna uskudes ja meie usust, millega me palume Tema lubaduse alusel Tema õnnistusi.

4) Roaohvri ülejääk kuulub Aaronile ja ta poegadele

Kui põletusohver ohverdati täielikult altarisuitsus, toodi roaohver preestrile ja sellest ohverdati Jumalale altarisuitsus ainult teatud osa. See tähendab, et samaaegselt kui me peame erinevad ülistusteenistused Jumalale täielikult andma, antakse Jumalale tänuohvrid – roaohvrid, et neid jumalariigi ja selle õiguse jaoks kasutada ja nende osa tuleb kasutada preestrite jaoks, kes on tänapäeval jumalasulased ja koguduse töötegijad. Nii nagu Galaatlastele 6:6 öeldakse: *„Aga see, keda õpetatakse sõnaga, jagagu kõike head õpetajale,"* kui Jumalalt armu saanud koguduseliikmed toovad tänuohvreid, saavad Sõna õpetavad jumalasulased neist oma osa.

Roaohvreid tuuakse Jumalale põletusohvritega koos ja need on otsekui Kristuse enese eluaja teenistuse eeskujuks. Seega, me peame usu läbi andma ohvriande kogu südamest, andes oma parima. Ma loodan, et iga lugeja ülistab Jumalat viisil, mis on Jumala tahte kohane ja saab iga päev rohkeid õnnistusi, tuues Jumalale healõhnalisi ohvriande, millest Tal on hea meel.

5. peatükk

Rahuohver

„Ja kui kellegi ohvriand on tänuohver ja ta toob selle veistest,
siis olgu see veatu isane või emane loom,
kelle ta viib Isanda palge ette!"

3. Moosese raamat 3:1

1. Rahuohvri tähendus

3 Moosese raamatu 3. peatükis on kirjas rahuohvrit puudutavad seadmised. Rahuohver sisaldab veatu looma tapmist, selle vere piserdamist altarikülgedele ja rasva altarisuitsus meeldiva lõhnana Jumalale ohverdamist. Samal ajal kui rahuohvri protseduurid on põletusohvri omade sarnased, on selles palju erinevusi. Mõned inimesed saavad rahuohvri eesmärgist valesti aru ja peavad seda pattude andeks saamise mooduseks; süü ja patuohvri peamine eesmärk on pattude andeks saamine.

Rahuohver on ohvriand, mille eesmärk on Jumala ja meie vahelise rahu saavutamine ja inimesed väljendavad sellega tänulikkust, annavad Jumalale lubadusi ja toovad Jumalale vabatahtlikke ande. Rahuohvrit ohverdavad eraldi inimesed, kelle patud on patuohvrite ja põletusohvritega andeks antud ja kes on nüüd otseses lähedases osaduses Jumalaga. Rahuohvri eesmärk on teha rahu Jumalaga, et inimesed võiksid Jumalat igas oma eluvaldkonnas kogu südamest usaldada.

Kui 3. Moosese raamatu 2. peatükis peamiselt kirjeldatud roaohvrit peetakse tänuohvriks, on see traditsiooniline tänuohver, mida tuuakse Jumalale, kes päästis, kaitseb ja annab meie igapäevase leiva ning see erineb rahuohvrist ja sellega väljendatud tänust. Pühapäeviti antavatele tänuohvritele lisaks toome me eraldi tänuohvreid juhul kui esineb mingisuguseid muid erinevad tänamise põhjuseid. Rahuohver sisaldab Jumalale meelepäraseid vabatahtlikke ohvreid, enese eraldamiseks Jumala Sõna kohaseks eluks ja pühana hoidmiseks ning Temalt oma südamesoovide täitumise leidmiseks.

Kui rahuohvrite ohvriannil on mitu tähendust, sisaldab see kõige põhilisemat eesmärki – Jumalaga rahus olekut. Kui meil on rahu Jumalaga, annab Ta meile jõu, mille abil tõe järgi elada, täidab meie südamesoovid ja annab meile armu, mille abil me saame täita igasugused Talle antud lubadused.

Nii nagu 1. Johannese 3:21-22 kirjutatakse: *„Armsad, kui meie süda ei süüdista, siis on meil julgus Jumala ees ja mida me iganes palume, seda me saame Temalt, sest me peame Tema käske ja teeme, mis on Tema silmis meelepärane,"* kui me muutume Jumala silmis tões elamise tõttu julgeks, on meil Temaga rahu ja me kogeme Tema tööd kõiges, mida me iganes Temalt palume. Kui me oleme Talle veelgi rohkem meeltmööda eri ohvriande tuues, kas te suudate ette kujutada, kuivõrd palju kiiremini Jumal vastab ja õnnistab meid?

Seega on oluline õieti mõista roaohvri ja rahuohvri tähendust ja teha nende vahel vahet, et Jumal võiks meie ohvriannid rõõmuga vastu võtta.

2. Rahuohvri ohvrid

Jumal ütleb meile 3. Moosese raamatus 3:1: *„Ja kui kellegi ohvriand on tänuohver ja ta toob selle veistest, siis olgu see veatu isane või emane loom, kelle ta viib Isanda palge ette!"* Hoolimata sellest, kas rahuohvriks on lammas või kits või isane või emane loom, peab see olema veatu (3 Moosese raamat 3:6, 12).

Põletusohvri ohvriand pidi olema veatu pull või jäär, sest põletusohvri täiuslik ohvriand – vaimseks ülistusteenistuseks – tähistab Jumala veatut Poega Jeesust Kristust.

Aga kui me toome Jumalale rahuohvri Temaga rahus elamiseks, ei ole vaja isast looma emasest eristada ja piisab, et ohvriand on veatu. Siis ei ole Roomlastele 5:1 alusel vahet, kas rahuohvriks tuuakse isane või emane loom: *„Et me nüüd oleme saanud õigeks usust, siis on meil rahu Jumalaga meie Isanda Jeesuse Kristuse läbi."* Jumalaga Jeesuse ristivere kaudu rahu saavutamisel ei ole vahet, kas tegu on mees- või naissooga.

Kui Jumal käsib, et ohvriand peab olema „veatu", soovib Ta meilt mitte vigase vaimuga, vaid ilusa lapse südamega Talle ohvriande tuua. Me ei tohiks vastu tahtmist ega teiste tunnustuse pälvimiseks anda, vaid peaksime tegema seda vabatahtlikult ja usus. Meie jaoks on veatu ohvri toomine arusaadav, kui me toome Jumala päästearmu eest tänuohvri. Jumalale toodud ohver, mille kaudu me usaldame Teda igas oma eluvaldkonnas, et Ta võiks meiega olla ja meid alati kaitsta ja seega me võiksime Tema tahte kohaselt elada, peab olema parim, mida me anda suudame ja see tuleb tuua äärmiselt hoolikalt ja kogu südamest.

Kui võrrelda põletusohvri ja rahuohvri ohvriande, tuleks tähele panna ühte huvitavat fakti: viimane neist ei sisalda tuvisid. Miks mitte? Hoolimata inimese vaesusest, põletusohvri pidid tooma kõik inimesed ja sellepärast lubas Jumal äärmiselt väheväärtuslike tuvide ohvrianniks toomist.

Näiteks, kui kristlase elu alguses olev inimene, kellel on nõrk ja vähene usk, käib ainult pühapäevastel koosolekutel, peab Jumal seda Talle põletusohvri toomiseks. Kui Jumalale tuuakse terve põletusohver siis, kui usklikud elavad täiesti Jumala Sõna kohaselt, püsivad Jumalaga otseses ja lähedases osaduses ning ülistavad Teda vaimus ja tões, peab Jumal ainult hingamispäeva pühitseva usus algaja väheväärtuslikku tuviohvrit põletusohvriks ja juhatab teda pääsemise teed mööda edasi minema.

Ent rahuohver ei ole vajalik, vaid vabatahtlik ohvriand. See tuuakse Jumalale, et inimene saaks Talle meeltmööda olekuga palvevastused ja õnnistused. Kui tuua väheväärtuslik tuvi, kaotaks see eriohvrina oma tähenduse ja otstarbe ja sellepärast on tuvid välistatud.

Oletame, et keegi tahtis anda ohvriandi oma vande või tõotuse, sügava soovi täitumiseks või Jumalalt ravimatust või surmahaigusest tervenemise saamiseks. Missuguse südamega tuleks niisugune ohvriand tuua? Seda valmistatakse ette veelgi puhtsüdamlikumalt kui regulaarselt toodavaid tänuohvreid. Jumalal on äärmiselt hea meel, kui me toome Talle ohvriks pulli või sõltuvalt igaühe oludest, kui me toome lehma või lamba või kitse, aga tuvi on ohvrianniks liiga vähese väärtusega.

Muidugi, see ei tähenda, et ohvrianni „väärtus" sõltuks täiesti vaid selle rahalisest väärtusest. Kui igaüks valmistab ohvrianni oma oludele vastavalt kogu südamest, meelest ja äärmiselt hoolikalt ette, hindab Jumal ohvrianni väärtust selles sisalduva vaimse lõhna alusel.

3. Rahuohvri jaoks andmine

1) Rahuohvri pea peale käe panemine ja selle tapmine kogudusetelgi ukseesisel

Kui ohvriandi toov inimene paneb kogudusetelgi ukseesisel ohvrianni peale oma käe, kannab ta oma patud loomale üle. Kui rahuohvrit toov inimene paneb oma käe ohvrianni peale, eraldab ta looma ohvrianniks Jumalale ja võiab seda niimoodi.

Et meie ohvriannid, mille peale me oma käed paneme, oleksid Jumalale meeldivaks ohvrianniks, ei või me toodavat summat oma lihalike mõtetega määrata, vaid peaksime seda Püha Vaimu sisendusel tegema. Jumal võtab vaid niisugused ohvriannid rõõmuga vastu, eraldab ja võiab nad.

Pärast ohvrianni pea peale käe panekut tapab ohvriandi toov inimene selle kogudusetelgi ukseesisel. Vana Testamendi ajal võisid ainult preestrid pühamusse minna ja inimesed tapsid loomi kogudusetelgi ukseesisel. Aga, kuna Jeesus Kristus hävitas meie ja Jumala vahelise patumüüri, võime me täna pühamusse minna, Jumalat kummardada ja olla Temaga otseses lähedases osaduses.

2) Preestritest Aaroni pojad piserdasid verd altarile

3. Moosese raamatus 17:11 öeldakse: *„Sest liha hing on veres, ja selle ma olen teile andnud altari jaoks lepituse toimetamiseks teie hingede eest; sest veri lepitab temas oleva hinge tõttu."* Heebrealastele 9:22 öeldakse samuti: *„Moosese Seaduse järgi puhastatakse peaaegu kõik asjad vere kaudu,*

ja ilma vere valamiseta ei ole andeksandmist" ja see tuletab meile meelde, et me võime saada puhtaks vaid vere abil. Jumalale rahuohvrite toomisel on Temaga otseses ja lähedases vaimses osaduses olemiseks vere piserdamine vajalik, sest meie osadus Jumalaga katkes ja me ei saa kunagi Temaga rahus olla ilma Jeesuse Kristuse verd kasutamata.

Preestri poolt altarile vere piserdamine tähendab, et hoolimata sellest, kuhu meie jalad meid ka ei viiks ja millistesse oludesse me ka ei sattuks, on meil alati võimalik saavutada rahu Jumalaga. Selle sümboliseerimiseks, et Jumal on alati meiega, käib meiega, kaitseb meid ja õnnistab meid kõikjal, kuhu me läheme ja mida me teeme ja kellega me oleme, piserdatakse altarile verd.

3) Rahuohvriks toodust antakse Isandale tuleohver

3. Moosese raamatu 3. peatükis käsitletakse üksikasjalikult rahuohvriks toodavate pullide, aga ka lammaste ja kitsede ohverdamise meetodeid. Kuna need meetodid on peaaegu sarnased, keskendume me pullide rahuohvriks toomisele. Kui rahuohvreid ja põletusohvreid võrrelda, on teada, et kõik nülitud ohvrianni osad anti Jumalale. Põletusohver tähistab vaimset ülistusteenistust ja ülistuse täielikult üksnes Jumalale toomisel põlesid ohvriannid täiesti ära.

Aga rahuohvrite toomisel ei antud Jumalale kõiki ohvrianni osasid. Nii nagu kirjutatakse 3. Moosese raamatus 3:3-4: *„Sisikonda kattev rasv, kõik rasv, mis on sisikonna küljes, mõlemad neerud ja rasv, mis on nende küljes nimmetel, ja maksarasv, mis ta eraldagu neerude juurest!"*, looma sisikonna tähtsaid osi kattev rasv tuli Jumalale meeldivaks lõhnaks ohvriks tuua. Looma erinevate osade rasva Jumalale andmine tähendas seda, et me peaksime Jumalaga rahus elama igal pool, kus me oleme ja igas olukorras, kuhu me sattume.

Jumalaga rahus olemiseks on samuti vaja, et me oleksime kõigi inimestega rahus ja taotleksime pühadust. Alles siis, kui me oleme kõigiga rahus, võime me saada täiuslikeks jumalalasteks (Matteuse 5:46-48).

Pärast rasva eraldamist Jumalale toodavast ohvriannist, eraldatakse preestritele kuuluv osa. 3. Moosese raamatus 7:34 kirjutatakse: *„Sest ma olen võtnud Iisraeli lastelt, nende tänuohvritest, kõigutusrinna ja tõstesapsu ning olen andnud need preester Aaronile ja tema poegadele kui neile igavesti kuuluva osa Iisraeli lastelt."* Täpselt nii nagu roaohvri osa oli preestritele mõeldud, on Jumalale toodud rahuohvrite osa mõeldud elatiseks preestritele ja leviitidele, kes teenivad Jumalat ja Tema rahvast.

Uue Testamendi ajal on lood samamoodi. Usklike poolt Jumalale toodud ohvriandide kaudu teostatakse Jumala hingede päästmise tööd ja jumalasulased ja koguduse töötegijad saavad sellest omale elatise. Pärast Jumala ja preestrite osa eraldamist tarbib ohvrianni toonud inimene ülejäänu; see on rahuohvri ainulaadne tunnusjoon. Ohvrianni tarbimine selle toonud inimese poolt on märgiks, et ohvriand tegi Jumalale head meelt ja Ta tõendab seda palvevastuste ja õnnistustega.

4. Rasva ja vere määrus

Kui loom tapeti Jumalale toodava ohvriannina, piserdas preester loomavere altarile. Lisaks, kuna kogu loomarasv ja muu rasv kuulus Isandale, peeti rasva pühaks ja see toodi altarisuitsus Jumalale meelepärase meeldiva lõhnana ohvriks. Vana Testamendi aja inimesed ei söönud rasva ega verd, sest rasv ja veri on eluga seotud. Veri esindab lihas olevat elu ja rasv, mis on elu olemus, on ka sama, mis elu. Rasv lihtsustab sujuvat funktsioneerimist ja elutegevust.

Missugune vaimne tähendus on „rasval"?

„Rasv" tähistab peamiselt ülimat hoolikust, mis tuleb täiuslikust südamest. Rasva tuleohvriks toomine tähendab, et me anname Jumalale kõik, mis meil on ja kõik, mis me oleme. See tähistab äärmist hoolikust ja täit südant, millega me anname Jumalale vastuvõtmist väärt ohvriande. Kui altarile tänuohvrite toomine sisaldab Talle meelepärase olekuga rahutegemist või Jumalale pühendunud elu, mis on tähtis, on veelgi tähtsam, millise südamega ja hoolega ohvriand tuuakse. Kui inimene, kes on Jumala arvates vääralt käitunud, toob Temaga rahu tegemiseks ohvrianni, tuleb seda ohvriandi teha suurema andumuse ja täiuslikuma südamega.

Muidugi, patu andekssaamise jaoks on vaja tuua patu- või süüohver. Aga on aegu, kui inimene loodab tavalisest pattude andekssaamisest kõrgemale ja kaugemale minna ning Jumalale meelepärase olekuga Temaga tõelist rahu teha. Näiteks, kui laps on isa vastu eksinud ja ta südant tõesti kurvastanud, võib isa süda sulada ja tõeline rahu sündida siis, kui laps annab oma parima, et isale meelepärane olla, selle asemel, et lihtsalt vabandada ja oma väärteod andeks saada.

Lisaks, „rasv" tähendab ka palvet ja Püha Vaimu täiust. Matteuse 25 peatükis räägitakse viiest targast neitsist, kes võtsid lampidega õli kaasa ja viiest rumalast neitsist, kes ei võtnud õli kaasa ja keda ei lastud siis pulma. Siin tähistab „õli" vaimselt palvet ja Püha Vaimu täiust. Üksnes siis, kui me saame palve kaudu Püha Vaimu täiuse ja oleme valvel, võime me vältida maailmalike himude läbi määritud saamist ja oodata oma Isandat, peigmeest, pärast enese Tema ilusaks pruudiks ettevalmistamist.

Palvega peab kaasnema Jumalale toodud rahuohver, et Jumalale rõõmu valmistada ja Temalt palvevastuseid saada. Palve ei või olla pelgalt vormitäiteks; seda tuleb paluda kogu südamest ja kõigega, mis meil on ja mis me olema, nii nagu Jeesuse higi muutus verepiiskadeks, mis langesid maha, kui ta palvetas Keetsemanes. Igaüks, kes niimoodi palvetab, võitleb ja võidab kindlasti patu, jõuab pühitsusele ja saab ülevalt Püha Vaimu sisenduse ning täiuse. Kui niisugune inimene toob Jumalale rahuohvri, on Tal hea meel ja palvevastused saabuvad kiiresti.

Rahuohver on ohver, mida tuuakse Jumalale täieliku usaldusega, et me võiksime Temaga osaduses ja Tema kaitse all olles väärt elu elada. Jumalaga rahu tehes peame me pöörduma oma teedelt, mis on Tema silmis ebameeldivad; me peame Talle kogu südamest ja rõõmuga ohvriande tooma ja palve kaudu Püha Vaimu täiuse saama. Siis täitume me taevalootusega ja elame võidukat elu, olles Jumalaga rahu teinud. Ma loodan, et iga lugeja saab alati Jumalalt palvevastused ja on õnnistatud, palvetades kogu südamest Püha Vaimu sisendusel ja Tema täiusega ja Tema silmis meeldivaid rahuohvreid tuues.

6. peatükk

Patuohver

„Kui keegi kogemata patustab
ja teeb mõne Isanda käsu vastu midagi,
mida ei tohi teha, siis: kui pattu teeb võitud preester,
koormates rahvast süüga,
siis ta peab patu pärast, mida ta on teinud,
tooma ühe veatu noore härjavärsi Isandale patuohvriks."

3. Moosese raamat 4:2-3

1. Patuohvri tähendus ja tüübid

Me oleme usu läbi Jeesusesse Kristusesse ja Tema veresse saanud kõik oma patud andeks ja pääsemisele jõudnud. Aga me ei või oma usu tõeseks pidamiseks oma usku vaid suuga tunnistada, ent peame seda tegude ja tõega näitama. Kui me demonstreerime Jumala ees tõendina usutegusid, mida Ta tunnustab, näeb Ta seda usku ja andestab meile meie patud.

Kuidas me saame usu läbi oma pattudele andestuse? Muidugi, iga jumalalaps peab alati valguses käima ja ei tohi kunagi pattu teha. Aga kui Jumala ja veel mitte täiusliku pattu teinud uskliku vahel on müür, tuleb tal lahendusi teada ja vastavalt tegutseda. Patuohvrit puudutavad lahendused on Jumala Sõnasse kirja pandud.

Patuohver on, nii nagu kirjutatakse, Jumalale meie elus tehtud pattude lepituseks toodav ohver ja selle toomise meetod erineb vastavalt meie Jumalalt saadud ülesannetele ja usumäärale. 3 Moosese raamatu 4 peatükis vaadelakse patuohvreid, mida toovad võitud preester, kogu kogudus, juht ja tavalised inimesed.

2. Võitud preestri patuohver

Jumal ütles Moosesele 3. Moosese raamatus 4:2-3: *„Räägi Iisraeli lastega ja ütle: Kui keegi kogemata patustab ja teeb mõne Isanda käsu vastu midagi, mida ei tohi teha, siis: kui pattu teeb võitud preester, koormates rahvast süüga, siis ta* *peab patu pärast, mida ta on teinud, tooma ühe veatu noore härjavärsi Isandale patuohvriks."*

Siin tähistavad „Iisraeli lapsed" vaimselt kõiki jumalalapsi. Kui „keegi kogemata patustab ja teeb mõne Isanda käsu vastu midagi, mida ei tohi teha", juhtub siis, kui rikutakse mingit Jumala Sõnas sisalduvasse Piibli 66 raamatusse kirja pandud käsku, mida Ta „käskis mitte teha."

Kui preester ehk tänapäeva mõistes Jumala Sõna õpetav ja kuulutav jumalasulane – rikub Jumala käsku, mõjutab patu palk ka teisi inimesi. Kui ta ei õpeta oma karja tõele vastavalt ega ela ise tõe kohaselt, patustab ta tõsiselt; isegi kui ta patustab kogemata, on ikkagi äärmiselt piinlik, et jumalasulane ei taibanud Jumala tahet teha.

Näiteks, kui jumalasulane õpetab tõde ebaõigelt, usub ta kari ta sõnu, seisab vastu Jumala tahtele ja kogudus tervikuna ehitab patumüüri Jumala vastu. Ta käskis meil püha olla, igasugusest kurjusest hoiduda ja lakkamatult palvetada. Aga mis juhtub, kui jumalasulane väidab, et Jeesus lunastas meid igast meie patust, seega me oleme päästetud, kui me koguduses käime. Nii nagu Jeesus ütles Matteuse 15:14: *„Aga kui pime juhib pimedat, kukuvad mõlemad auku,"* on jumalasulase patu palk suur, sest nii jumalasulane ise kui ka tema kari eemalduvad Jumalast. Kui preester teeb seega pattu „ja koormab rahvast süüga", peab ta Jumalale patuohvri tooma.

1) Patuohvriks toodav veatu noor härjavärss

Kui võitud preester teeb pattu, on see nagu „rahva süüga

koormamine" ja ta peab teadma, et ta patu palk on suur. 1. Saamueli 2.-4. peatükis on kirjas, mis juhtus, kui preester Eeli pojad pattu tegid, võttes Jumalale määratud ohvriannist omakasu saamiseks. Kui Iisrael kaotas vilistide vastu sõja, tapeti Eeli pojad ja 30000 Iisraeli jalaväelast kaotasid oma elu. Aga isegi siis, kui Iisrael võttis seaduselaeka oma valdusse, tabasid teda kannatused.

Sellepärast pidi lepitusohver olema kõige väärtuslikum – veatu noor härjavärss. Kõigi ohvriandide seast võtab Jumal kõige suurema rõõmuga vastu veatuid noori härjavärsse ja isaseid tallesid ning härjavärsid on rohkem väärt. Preester ei pea patuohvriks tooma mitte vaid suvalist härjavärssi, vaid see peab olema veatu loom, mis tähendab vaimselt, et ohvriande ei saa vastumeelselt ega rõõmuta anda – iga ohvriand peab olema terviklik elav ohver.

2) Patuohvri toomine

Preester toob patuohvriks toodava härjavärsi Isanda ette, kogudusetelgi ukseavasse, paneb oma käed selle peale, tapab selle, võtab veidi härjavärsi verd ja toob selle kogudusetelki, kastab oma sõrme vere sisse ja piserdab pühamu eesriide ees veidi verd seitse korda Isanda ette (3. Moosese raamat 4:4-6). Härjavärsi pea peale käe panemine tähistab inimese pattude looma peale kandmist. Kui patustanud inimene peaks surma minema, saab inimene ohvrianni pea peale käe paneku ja siis looma tapmisega oma pattudele andestuse.

Siis peab preester võtma veidi verd, oma sõrme selle sisse panema ja seda kogudusetelgi sisemises olevasse pühamusse piserdama. „Pühamu eesriie" on tihe kardin, mis eraldab pühamut pühamast pühamast paigast. Ohvriande ei tooda tavaliselt pühamus, vaid templiõuel asuval altaril, aga preester läheb pühamusse patuohvri verega ja piserdab seda pühamu eesriide ette, täpselt pühamast pühama paiga ees, kus Jumal viibib.

Sõrme vere sisse panek sümboliseerib andeks palumist. See tähendab sümboolselt, et inimene ei paranda vaid oma huulte ega lubadustega meelt, vaid kannab ka meeleparanduse vilja tegelikult patust ja kurjast vabanemisega. Sõrme vere sisse panek ja selle „seitse korda" piserdamine – „seitse" on vaimumaailma täiuslik arv – tähendab, et inimene vabaneb oma pattudest täielikult. Inimene võib täielikult andeks saada ainult siis, kui ta on oma pattudest täielikult vabanenud ja ei tee enam pattu.

Preester paneb verd ka kogudusetelgis Isanda ees oleva healõhnalise viirukialtari sarvedele ja kallab kogu vere kogudusetelgi ukseava juures oleva põletusohvri altari jalamile (3. Moosese raamat 4:7). Healõhnalise viiruki altar – viirukialtar – on viiruki põletamiseks ette nähtud altar; kui viiruk süüdati põlema, võttis Jumal selle viiruki vastu. Lisaks, Piibli altarisarved kujutavad kuningat ja tema väärikust ning meelevalda – need tähistavad Kuningat, meie Jumalat (Johannese ilmutus 5:6). Healõhnalise viirukialtari sarvedele vere panek on märgiks, et Jumal, meie Kuningas, on ohvrianni vastu võtnud.

Aga kuidas me saame tänapäeval Jumalale vastuvõetaval viisil meelt parandada? Varem mainiti, et patt ja kurjus aeti minema patuohvri verre sõrme paneku ja vere piserdamisega. Pärast pattude üle mõtisklemist ja neist meele parandamist peame me tulema pühamusse ja patu palves üles tunnistama. Täpselt nii nagu ohvriveri pandi altarisarvedele, et Jumal selle vastu võtaks, peame meie tulema oma Kuningast Jumala meelevalla juurde, tuues Talle oma meeleparanduse palve. Me peame tulema pühamusse, põlvitama ja paluma Jumalat Jeesuse Kristuse nimel meie peale meeleparanduse vaimu tulekut võimaldava Püha Vaimu töö abil.

See ei tähenda, et me peaksime meeleparandusega pühamusse tulekuni ootama. Sel hetkel, kui me teame, et me oleme Jumala vastu midagi valesti teinud, peame me kohe meelt parandama ja oma teedelt pöörduma. Siin puudutab pühamusse tulek hingamispäeva ehk Isanda Päeva.

Kui Vana Testamendi ajal võisid Jumalaga suhelda ainult võitud preestrid, siis kuna Püha Vaim on meie kõigi sisse oma eluaseme teinud, võime me täna Püha Vaimu töö abil Jumalat otse paluda ja Temaga lähedases osaduses olla. Meeleparanduse palvet võib Püha Vaimu töö abil teha ka üksinda. Aga pidage meeles, et kogu ohvriks toodav palve muutub tervikuks hingamispäeva pidamisega.

Inimesel, kes ei pühitse hingamispäeva, puudub tõendus tema vaimse jumalalapse seisuse kohta ja ta ei suuda andestust vastu võtta isegi siis, kui ta omaette meeleparanduse palvet teeb. Kahtlemata, Jumal ei võta meeleparandust vastu üksnes siis, kui inimene, kes saab oma patustamisest aru, palub omaette olles meeleparanduse palvet, vaid kui ta palub sellele lisaks hingamispäeval Jumala pühamus formaalse meeleparanduse palve.

Pärast seda kui healõhnalise viirukialtari sarvede peale on pandud veri, valatakse kogu veri põletusohvri altari jalamile. Selle teoga tuuakse Jumalale ohvriks kogu veri, mis on ohvrianni elu ja tähendab vaimselt, et me parandame täiesti pühendunud südamega meelt. Jumala vastu tehtud pattude eest andestuse saamise jaoks on vaja kogu südamest, meelest ja kogu meie jõuga tehtud meeleparandust. Keegi, kes on Jumala ees tõeliselt meelt parandanud, ei söanda enam samu patte teha.

Järgmiseks, preester eemaldab patuohvri härjast kogu rasva ja ohverdab selle rahuohvri toomise protseduuri laadselt põletusohvri altarisuitsus ja toob selle leerist välja, kus tuhk valatakse ära ja põletab loomanaha, kogu pulli liha selle pea, jalgade ja sisikonnaga (3. Moosese raamat 4:8-12). „Suitsus ohvriks toomine" tähendab, et inimese ego hävib tões ja järele jääb ainult tõde.

Nii nagu rasv eemaldatakse rahuohvrist, eemaldatakse ka rasv patuohvrist ja ohverdatakse siis altarisuitsus. Härjavärsi rasva ohverdamine altarisuitsus räägib sellest, et Jumalale on vastuvõetav ainult kogu südamest, meelest ja täiest tahtest tehtud meeleparandus.

Kui põletusohvri ohvrianni kõik osad toodi altarisuitsus ohvriks, siis patuohvri kõik osad, välja arvatud rasv ja neerud, põletatakse väljaspool leeri tehtud lõkkepuudel, kuhu valatakse ka tuhk. Miks nii tehakse?

Kuna põletusohver on vaimne ülistusteenistus, mis on ette nähtud Jumalale rõõmu valmistamiseks ja Temaga osaduse saavutamiseks, ohverdatakse seda templi altarisuitsus. Aga kuna patuohver on meie ebapuhastest pattudest lunastamiseks, ei saa seda templi altarisuitsus ohvriks tuua ja see põletatakse täielikult inimeste elukohast eemal asuvas kohas.

Isegi tänapäeval peame me püüdma täielikult vabaneda pattudest, millest me Jumala ees juba meelt oleme parandanud. Me peame Püha Vaimu tules põletama ära kõrkuse, uhkuse, oma maailmas oleku aja vana minaolemuse, Jumala ees ebasündsad patuse ihu teod ja sarnase. Altarisuitsus toodud ohvrile – härjavärsile – kanti selle peale käe pannud inimese patud. Seega, sellest hetkest alates peab see inimene tulema esile elava ohvrina, millest Jumalal on hea meel.

Aga mida me selle jaoks tänapäeval tegema peame?
Ohverdatava härjavärsi ja meie patust lunastamiseks surnud Jeesuse omaduste vaimse tähenduse erinevust selgitati eelnevalt. Seega, kui me parandasime meelt ja tõime Jumalale altarisuitsus ohvriks kõik ohvrianni osad, siis sellest hetkest alates peame me täpselt nii nagu Jumalale toodud ohvriand, muutuma samamoodi, kuna meie Isand on saanud patuohvriks. Ma peame laskma usklikel oma koormaid kergendada, koguduseliikmeid Isanda nimel usinalt teenides ja andma neile vaid tõde ja seda, mis on hea. Meil tuleb koguduseliikmetele pühendudes ja neil oma südamemaad pisarate, püsivuse ja palvega harida aidates oma vendi ja õdesid tõelisteks pühitsetud jumalalasteks muuta. Siis peab Jumal meie meeleparandust tõeliseks ja viib meid

õnnistuste teele.

Isegi kui me pole jumalasulased, siis 1. Peetruse 2:9 kirjutatakse: *„Teie aga olete „valitud sugu, kuninglik preesterkond, püha rahvas, omandrahvas, et te kuulutaksite Tema kiidetavust",* kes teid on kutsunud pimedusest oma imelisse valgusse,"* kõik Isandasse uskujad peavad muutuma täiuslikuks nagu preestrid ja saama tõelisteks jumalalasteks.

Lisaks, Jumalale toodava ohvrianniga peab inimese pattude eest lepitust tehes kaasas käima meeleparandus. Igaüks, kes kahetseb sügavalt ja parandab oma valedest tegudest meelt, tunneb loomulikku soovi ohvriande tuua ja kui niisuguste tegudega kaasneb taoline süda, võib seda pidada Jumala ees täieliku meeleparanduse taotlemiseks.

3. Kogu koguduse patuohver

„Ja kui kogu Iisraeli kogudus eksib, aga nõnda, et koguduse silma eest jääb varjatuks, et nad on teinud mõne Isanda käsu vastu midagi, mida ei tohi teha, ja saavad süüdlasteks, ja patt, mida nad on teinud, saab ometi teatavaks, siis kogudus toogu üks noor härjavärss patuohvriks ja viigu see kogudusetelgi ette!" (3. Moosese raamat 4:13-14)

Tänapäeva mõistes tähendab „kogu koguduse eksimus" terve koguduse pattu. Näiteks võib juhtuda, et kogudusesiseselt moodustuvad jumalasulaste, vanemate, vanemdiakonesside kildkonnad, mis tekitavad tervele kogudusele probleeme. Kui kildkonnad tekitavad ja algatavad vaidlusi, lõpetab terve kogudus pattu tehes ja Jumala ette kõrget patumüüri püstitades, kuna need vaidlused panevad suurema osa koguduseliikmetest vankuma ja nad hakkavad üksteisest halvasti rääkima või vimma pidama.

Isegi Jumal on käskinud meil armastada oma vaenlasi, teisi teenida, alanduda, olla kõigiga rahujalal ja taotleda pühadust. Jumala jaoks on väga piinlik, kui jumalasulased ja nende karjad on lahkhelidega või vennad ja õed Kristuses on üksteise vastu. Kui taolised juhtumid leiavad aset koguduses, jääb see Jumala kaitse alt välja, koguduses ei ole äratust ja koguduseliikmete kodudes ja töökohtades on raskusi.

Kuidas me saame kogu koguduse patu andestuse? Kui kogu koguduse patt tehakse teatavaks, on see otsekui kogudusetelgi ette härjavärsi toomine. Siis panevad kogudusevanemad ohvrianni pea peale käed, tapavad selle Isanda ees ja toovad selle Jumalale ohvriks samamoodi nagu preestrid ohverdasid patuohvrit. Preestrite ja kogu koguduse eest toodav patuohver on sama väärtuslik ja hinnaline. See tähendab, et Jumala arvates on preestrite ja kogu koguduse tehtud patt sama kaalukas.

Ometi, kui preestri patuohvriks toodi veatu noor härjavärss, peab kogu koguduse patuohvriks olema lihtsalt noor härg, sest tervel kogudusel ei ole lihtne ühe südamega olla ja ohvriandi rõõmu ja tänuga tuua.

Kui tänapäeva kogudus on tervikuna pattu teinud ja soovib meelt parandada, on võimalik, et selle liikmed on ilma usuta või keelduvad meelt parandades, südames rahutust tundmata. Kuna kogu kogudusel ei olnud lihtne veatut ohvriandi tuua, näitas Jumal selle suhtes halastust. Isegi kui mõned koguduseliikmed ei suuda kogu südamest ohvriandi tuua, siis kui enamus liikmetest parandavad meelt ja pöörduvad oma teedelt, võtab Jumal patuhvri vastu ja annab andeks.

Kuna iga koguduseliige saab oma käe ohvrianni pea peale panna, panevad kogudusevanemad koguduse eest oma käed patuohvrile, mille kogu kogudus Jumalale toob.

Ülejäänud osa protseduuridest on identne preestri patuohvri toomise iga faasiga, kus preester paneb oma sõrme ohvrivere sisse, piserdab seda seitse korda pühamu eesriide ees, paneb veidi verd lõhnava viirukialtari sarvedele ja põletab ülejäänud ohvrianni osad leerist väljaspool. Need protseduurid tähendavad vaimselt täielikku pöördumist patust. Me peame ka Jeesuse Kristuse nimel ja Püha Vaimu tegude ajendusel Jumala pühamus meeleparanduse palvet paluma, et meeleparandus oleks ametlikult vastuvõetav. Pärast seda kui kogu kogudus on südamest niimoodi meelt parandanud, ei tohi seda pattu enam kunagi korrata.

4. Juhi patuohver

3. Moosese raamatus 4:22-24 kirjutatakse:

> *„Kui üks vürst patustab ja kogemata teeb Isanda, oma Jumala mõne käsu vastu midagi, mida ei*

tohi teha, ja saab süüdlaseks, aga temale tehakse teatavaks ta patt, mida ta on teinud, siis ta viigu oma ohvrianniks üks veatu sikk! Ta pangu oma käsi siku pea peale ja tapku see selles paigas, kus Isanda ees põletusohvrit tapetakse; see on patuohver!"

Olles preestritest madalamal astmel, on „vürstid" juhipositsioonil ja tavainimestega erinevas klassis. Seega, juhid ohverdavad Jumalale sikkusid. Need on preestrite ohvrianniks toodud härgadest vähema väärtusega, kuid tavainimeste patuohvriks toodavatest emastest kitsedest väärtuslikumad.

Tänapäeva mõistes on kogudusesisesed „juhid" meeskonna või kodugrupi või pühapäevakooli juhid. Juhid on need, kes teenivad koguduseliikmete juhtpositsioonil. Erinevalt ilmikutest koguduseliikmetest või usus alustajatest, on nad Jumala silmis eraldatud ja peavad sellistena ka samasuguste pattude tegemise korral suuremat meeleparanduse vilja kandma.

Minevikus pani juht oma käe veatu siku pea peale, kandes oma patud sikule üle ja siis ta tappis selle Jumala ees. Juht sai andestuse, kui preester kastis oma sõrme verre, pani selle põletusohveri altarisarvedele ja kallas ülejäänud ohvrivere põletusaltari jalamile. Nii nagu rahuohvrigi puhul, ohverdati ohvrianni rasv altarisuitsus.

Preestrist erinevalt, juht ei piserda ohvrianni verd seitse korda pühamu eesriide ees; kui ta näitab oma meeleparandust, teeb ta seda põletusohvri altarisarvedele verd pannes ja see on Jumalale vastuvõetav, kuna preestri usumõõt erineb juhi omast. Kuna preester ei võinud kunagi pärast meeleparandust enam pattu teha, pidi ta ohvriverd piserdama seitse korda, mis on vaimse täiuse arv.

Kuid juht võib alateadlikult uuesti patustada ja sellepärast ei käsita tal ohvrianni verd seitse korda piserdada. See on igaühelt tema usumõõdu kohast meeleparandust saada ja andestust anda sooviva Jumala armastuse ja halastuse märk. Siiani tähistati patuohvri teemat käsitledes „preestrit" „jumalasulasena" ja „juhina", kes „teeb juhirollis tööd." Aga need viiteid ei piirdu vaid kogudusesiseste Jumalalt saadud ülesannetega, vaid tähistavad ka iga uskliku usumõõtu.

Jumalasulane peaks usus pühitsusele jõudma ja siis tuleks talle usaldada usklike karja juhtimine. On üksnes loomulik, et juhirollis olija, olgu ta siis meeskonna või kodugrupi või pühapäevakooli õpetaja osas, on tavalisest usklikust erineval tasemel ka siis, kui ta ei ole täiuslikku pühadust saavutanud. Kuna jumalasulase ja tavalise uskliku usumõõt on erinev, on ka patu tähendusväärsus ja meeleparanduse tase, mida Jumal vastuvõetavaks peab, erinevad ka sel juhul, kui nad kõik teevad täpselt samasugust pattu.

See ei tähenda, et usklikul oleks lubatud mõtelda: „Kuna mu usk ei ole veel täiuslik, annab Jumal mulle uue võimaluse ka siis, kui ma hiljem uuesti pattu teen" ja parandab siis niisuguse südamega meelt. Inimene ei saa Jumalalt meelt parandades andeks, kui ta patustab teadlikult ja tahtlikult, vaid siis, kui ta patustas tahtmatult ja sai oma teost aru ning püüdis seda andeks saada. Lisaks, kui inimene teeb pattu ja parandab sellest meelt, võtab Jumal tema meeleparandust arvesse üksnes siis, kui ta teeb innuka palve abil kõik, et seda pattu iialgi mitte korrata.

5. Tavainimeste patuohver

„Tavainimesed" on vähese usuga inimesed ehk tavalised koguduseliikmed. Kui tavainimesed teevad pattu, teevad nad seda vähese usu tõttu ja seega on nende patuohvrer väiksema kaaluga kui preestri või juhi oma. Tavainimene peab Jumalale patuohvriks tooma veatu emase kitse, mis on sikust vähemväärtuslikum. Preestri või juhi patuohvriga analoogiliselt peab preester kastma oma sõrme tavainimese patuohvri verre, panema selle põletusohvri altarisarvedele ja valama ülejäänu altarile.

Samal ajal kui eksisteerib võimalus, et tavainimene võib hiljem oma vähese usu tõttu taas pattu teha, kui ta kahetseb ja käristab patutegemise järgselt oma südame meeleparandusest lõhki, tunneb Jumal talle kaasa ja andestab talle. Lisaks, me võime öelda samamoodi nagu Jumal käskis „emast kitse" ohvriks tuua, et sellel tasemel tehtud patte on lihtsam andeks anda, kui neid patte, mille eest on vaja ohvriks tuua sikku või lammast. See ei tähenda, et Jumal lubaks mõõdukat meeleparandust, inimene peab Jumala ees tõeliselt meelt parandama ja otsustama mitte kunagi enam pattu teha.

Kui vähese usuga inimene saab oma patust aru ja parandab

meelt ning näeb vaeva, et sama pattu mitte korrata, väheneb patutegemise tõenäosus kümnelt viiele või kolmele korrale ja lõpuks suudab ta sellest täielikult vabaneda. Jumal võtab vastu meeleparanduse, millega kaasneb vili. Ta ei võta vastu meeleparandust isegi vastpöördunult, kui see sisaldab vaid silmakirjalikkust, ent süda jääb samasuguseks.

Jumal rõõmustab ja jumaldab vastpöördunut, kes parandab oma pattudest kohe meelt, kui ta saab neist aru ja püüab neist usinalt vabaneda. Kui inimene püüab selle asemel, et enesele kinnitada: „Mu usk on siin kohas ja sellest piisab mulle" mitte vaid meeleparanduse, vaid palve, ülistuse ja iga muu kristliku elu küljega oma võimetest kõrgemale ja kaugemale liikuda, saab ta isegi ülevoolavama Jumala armastuse ja õnnistuste osaliseks.

Kui inimene ei suutnud võimaldada isegi emast utte ohvriannuks tuua ja tõi selle asemel lambatalle, pidi ka tall emane ja veatu olema (3. Moosese raamat 4:32). Vaene tõi kaks turteltuvi või kaks noort tuvi ja veelgi vaesem andis veidike peenjahu (3. Moosese raamat 5:7, 11). Õigluse Jumal liigitas ja aktsepteeris seega patuohvrid igaühe usumõõdule vastavalt.

Siiani oleme me arutlenud, kuidas teha Jumalaga lepitust ja rahu, vaadeldes lähemalt Talle eri seisusest ja eri ülesandeid täitvate inimeste toodud patuohvreid. Ma loodan, et iga lugeja teeb Jumalaga rahu, pidades alati silmas Jumalalt saadud ülesannet ja oma usu seisundit, samal ajal põhjalikult igasugustest vigadest ja pattudest meelt parandades, mil iganes ta teel Jumala juurde seisab ees patumüür.

7. peatükk

Süüohver

„Kui keegi ei ole hoolas
ja kogemata patustab Isanda pühade asjade vastu,
siis ta peab enese hüvituseks tooma Isandale ühe veatu jäära
oma karjast sinu hindamise kohaselt mõne hõbeseekli väärtuses,
püha seekli järgi, kui süüohvri."

3. Moosese raamat 5:15

1. Süüohvri tähtsus ja tähendus

Jumalale tuuakse süüohver tehtud patu kompenseerimiseks. Kui jumalarahvas teeb Tema vastu pattu, peavad nad Talle tooma süüohvri ja Tema ees meelt parandama. Aga sõltuvalt patu tüübist, patustanud inimene ei pea üksnes oma südames patustest viisidest pöörduma, vaid ta peab ka oma väära käitumise eest vastutust kandma.

Näiteks, kui keegi laenas oma sõbrale kuuluva eseme, aga tegi sellele kogemata kahju. Siis ei saa see inimene lihtsalt vabandada. Ta ei tohi vaid vabandada, ent peab sõbrale ka tolle eseme välja maksma. Kui see inimene ei saa talle hävitatud eset samaväärsega kompenseerida, peab ta sõbrale kahju korvamiseks võrdväärse summa andma. See on tõeline meeleparandus.

Süüohvri toomine kujutab rahu tegemist kompensatsiooni abil või väärteo eest vastutuse võtmisega. Sama kehtib meeleparandusega, mida Jumala ees tehakse. Nii nagu vendadele ja õdedele Kristuses tekitatud kahju tuleb kompenseerida, tuleb meil pärast Tema vastu patustamist Talle õige meeleparanduse tegusid näidata, et meie meeleparandus oleks terviklik.

2. Süüohvri toomise olud ja meetodid

1) Pärast valetunnistuse andmist

3. Moosese raamatus 5:1 öeldakse: *"Kui keegi teeb pattu sellega, et ta kuuleb avalikku needmist ja on tunnistajaks,*

olles seda ise näinud või muidu saanud teada, aga ei teata sellest, siis ta kannab oma patusüüd." On kordi, mil inimesed tunnistavad valet isegi pärast tõerääkimise vande andmist, kui nende omad huvid on kaalul.

Oletame näiteks, et teie laps sooritas kuriteo ja süütut inimest süüdistatakse selles kuriteos. Kui teie läheksite tunnistajapinki, kas te usute, et te suudaksite täpset tunnistust anda? Kui te vaikite, et oma last kaitsta ja teete sellega teistele kahju, ei pruugi inimesed tõde teada, aga Jumal näeb kõike. Seega, tunnistaja peab täpselt tunnistama, nii nagu ta on näinud ja kuulnud, et tagada aus kohtuistung, kus keegi ei kannata ebaõiglaselt.

Samamoodi on meie igapäevaelus. Paljud ei suuda nähtut ja kuuldut õieti edastada ja edastavad oma arvamuse kohaselt ebaõiget teavet. Teised annavad valetunnistust väljamõeldud lugudega, otsekui nad oleksid näinud midagi, mida nad tegelikult ei näinud. Selliste valetunnistuste tõttu süüdistatakse vääralt süütuid inimesi kuritegudes, mida nad ei ole sooritanud ja seega nad kannatavad ebaõiglaselt. Jakoobuse 4:17 kirjutatakse: *"Kes oskab teha head, aga ei tee, sellele on see patt."* Jumalalapsed, kes teavad tõde, peavad tõe abil eristama ja õige tunnistuse andma, et keegi teine ei sattuks raskustesse ega kannatakse kahju.

Kui meie südames püsivad headus ja tõde, räägime me alati tõde. Me ei räägi halba ega süüdista kedagi, me ei vääna tõde ega anna asjasse mittepuutuvaid vastuseid. Kui keegi on teistele kahju teinud, vältides vajalikku seisukohavõttu või valetunnistust andes, peab ta Jumalale süüohvri tooma.

2) Pärast ebapuhaste asjadega kokkupuudet
3 Moosese raamatus 5:2-3 kirjutatakse:

Või kui keegi puudutab mõnda roojast asja, olgu see roojase metslooma raibe või roojase karilooma raibe või roojase roomaja raibe, ilma et ta oleks sellest teadlik, siis on ta saanud roojaseks ja süüdlaseks; või kui ta puudutab inimese rooja, ükskõik missugust rooja, mis teeb roojaseks, ja ei ole sellest teadlik, aga pärast saab teadlikuks, siis ta jääb süüdlaseks.

Siin tähendab „mingi ebapuhas asi" vaimselt igasugust väära käitumist, mis on tõevastane. Niisuguse käitumise alla kuulub kõik nähtu, kuuldu ja räägitu ja samuti ihu ja südamega tuntud asjad. On asju, mida me enne tõetunnetusele tulekut ei pidanud patuseks. Aga pärast tõetunnetusele tulekut hakkasime me samu asju Jumala arvates ebaõigeks pidama. Näiteks, kui me ei tundnud Jumalat, võisime me kokku puutuda vägivallaga ja nilbete materjalidega nagu pornograafia, aga me ei mõistnud siis nende asjade ebapuhtust. Aga pärast seda kui me alustasime kristlase elu, saime me teada, et niisugused asjad on tõevastased. Kui me saame aru, et me oleme teinud asju, mida peetakse tõe valguses ebapuhtaks, tuleb meil meelt parandada ja Jumalale süüohvrid tuua.

Aga isegi meie kristlikus elus on kordi, mil me näeme või kuuleme tahtmatult kurja. On hea, kui me suudame oma südant valitseda ka siis, kui me niisuguseid asju oleme näinud või kuulnud. Aga kuna eksisteerib võimalus, et usklik ei pruugi oma südant valitseda suuta, vaid võtab niisuguste ebapuhaste asjadega kaasnevad tunded vastu, peab ta kohe pärast oma patu äratundmist meelt parandama ja Jumalale süüohvri tooma.

3) Pärast vande andmist

3. Moosese raamatus 5:4 kirjutatakse: *„Või kui keegi vannub mõtlematult, suuga lobisedes, kurjaks või heaks, nagu inimene iganes võib mõtlematult vanduda, aga pärast saab teadlikuks ja jääb süüdlaseks mõnes neist asjust,"* Jumal on keelanud meil vanduda „kurja või hea tegemiseks."

Miks Jumal keelab meil vanduda, teha tõotust või vannet anda? Jumala jaoks on loomulik keelata meil „kurja tegemiseks" vanduda, aga Ta keelab meil ka „hea tegemiseks" vannet anda, sest inimene ei suuda sajaprotsendiliselt antud vandest kinni pidada (Matteuse 5:33-37; Jakoobuse 5:12). Inimsüda võib omakasu ja tunnete tõttu vankuda, kuni inimene jõuab tõe kaudu täiusele ja inimene ei pea oma tõotatust kinni. Pealegi, on kordi, mil vaenlane kurat ja saatan segavad usklike ellu vahele ja takistavad neil oma vandest kinni pidamist, et nad võiksid usklike süüdistamiseks alust anda. Vaadelge seda äärmuslikku näidet: Oletame, et keegi vannub homme seda ja teist teha, aga sureb äkitselt täna. Kuidas ta oma vannet teoks teha saaks?

Sellepärast ei või me kunagi vanduda kurja tegemiseks ja isegi kui me anname hea kavatsusega vande, peaksime me vandumise asemel hoopis Jumalat paluma ja lisajõudu taotlema. Näiteks, kui seesama inimene tõotab lakkamatult palvetada, siis peaks ta selle asemel, et lubada iga päev ööpalve koosolekust osa võtta, hoopis paluma, et Jumal laseks tal lakkamatult palvetada ja valvaks teda igasuguse vaenlase kuradi ja saatana vahelesekkumise eest. Kui keegi on ennatlikult vande andnud, peab ta meelt parandama ja Jumalale süüohvri tooma.

Kui mingil kolmel ülaltoodud juhul esineb pattu, siis peab inimene „*tooma Isandale hüvituseks oma patu pärast, mida ta on teinud, ühe emase looma, utetalle või kitse, patuohvriks; ja preester toimetagu tema eest lepitust ta patu pärast!*" (3. Moosese raamat 5:6)

Siin käsitakse patuohver tuua koos süüohvri selgitusega, sest pattude eest, mille eest tuuakse süüohver, tuleb tuua ka patuohver. Patuohver, nii nagu varem selgitati, tähendab Jumala ees patustamisel meele parandamist ja sellest patust täielikku pöördumist. Aga, samuti selgitati eelnevalt, et kui patu tõttu ei ole vaid vaja patustelt teedelt pöördumist, vaid ka vastutuse võtmist, siis süüohver teeb ta meeleparanduse täiuslikuks, kui ta tasub kaotuse või vigastuse eest või kannab teatud tegudega vastutust.

Niisugusel juhul ei pea see inimene üksnes kahju hüvitama, vaid tal tuleb Jumalale tuua patuohvrile lisaks ka süüohver, kuna ta peab samuti Jumala ees meelt parandama. Isegi kui see inimene on teise vastu valesti toiminud, siis peab ta ka oma taevase Isa ees meelt parandama, kuna ta tegi pattu, mida ta jumalalapsena tegema ei oleks pidanud.

Oletame, et keegi mees pettis oma õde ja võttis talle kuulunud vara oma valdusse. Kui see vend soovib meelt parandada, peab ta esiteks meeleparanduses oma südame Jumala ees lõhki käristama ja igasugusest ahnusest ja pettusest vabanema. Siis peab ta oma õelt, kelle vastu ta eksis, oma teo andeks saama. Aga pärast seda ei või ta vaid oma suuga vabandada, aga ta peab kompenseerima samas suuruses kahju, mille ta õele oma tegudega tekitas. Siinsega tähendab selle mehe „patuohver" tema patustelt teedelt pöördumist ja Jumala ees meeleparandust ning tema „süüohver" on meeleparanduse tegu, kui ta õelt andeks palub ja talle tehtud kahju tagastab ja kompenseerib.

3. Moosese raamatus 5:6 käsib Jumal, et süüohvriga kaasaskäiva patuohvri jaoks andmisel tuleb anda emane utetall või kits. Järgmises salmis kirjutatakse, et igaüks, kes ei suuda lammast ega kitse võimaldada, peab süüohvriks andma kaks turteltuvi või kaks noort tuvi. Pidage meeles, et ohverdati kaks lindu – üks neist toodi patuohvriks ja teine põletusohvriks.

Miks Jumal käskis kaks turteltuvi või kaks noort tuvi patuohvriga samaaegselt põletusohvriks ohverdada? Põletusohver tähistab hingamispäeva pühaks pidamist. Vaimses ülistuses on tegu Jumalale pühapäeviti toodava teenistuse ohvrianniga. Seega, eelnev kahest turteltuvist või kahest noorest tuvist koosnev patuohvri and koos põletusohvriga räägib sellest, et inimese meeleparandus on täiuslik siis, kui ta hingamispäeva pühaks peab. Täielikuks meeleparanduseks ei tule vaid patu tegemise hetkel patustamist mõistes meelt parandada, vaid ka oma patt üles tunnistada ja Jumala pühamus hingamispäeval meelt parandada.

Kui inimene on liiga vaene, et ta ei suuda isegi turteltuvisid ega noori tuvisid ohvriks tuua, peab ta Jumalale ühe kannu (umbes 22 liitrine ehk 5 gallonine mõõt) peenjahu ohvrianniks tooma. Patuohver peab olema eelduste kohaselt loom, kuna see on andestusohver. Kuid Jumal lasi oma halastusest vaestel, kes ei suutnud Talle looma ohvriks tuua, ohverdada selle asemel jahu, et nad võiksid oma patud andeks saada.

Jahust patuohvri ja jahust roaohvri vahel on erinevus. Kui roahvrile lisati õli ja viirukit, et seda lõhnastada ja rikkamaks muuta, ei lisatud patuohvrile õli ega viirukit. Miks nii tehti? Lepitusohvri põlemapanekul on sama tähendus, mis patu ärapõletamisel.

Tõsiasi, et jahule lisati õli või viirukit, räägib vaimselt suhtumisest, mis inimesel peab Jumala ees meelt parandades olema. 1. Kuningate raamatus 21:27 räägitakse, et kui kuningas Ahab parandas Jumala ees meelt *„siis ta käristas oma riided lõhki, pani kotiriide ümber ihu ja paastus; ja ta magas kotiriides ning käis tasahilju."* Kui inimene käristab oma südame meeleparandusest lõhki, käitub ta loomuomaselt õieti, valitseb ennast ja alandub. Ta on ettevaatlik oma väljendustes ja käitumises ning näitab Jumalale, et ta elab vaoshoitult.

4) Pärast pühade asjade vastu patustamist või vendadele Kristuses kaotuse põhjustamist

3. Moosese raamatus 5:15-16 kirjutatakse:

> *Kui keegi ei ole hoolas ja kogemata patustab Isanda pühade asjade vastu, siis ta peab enese hüvituseks tooma Isandale ühe veatu jäära oma karjast sinu hindamise kohaselt mõne hõbeseekli väärtuses, püha seekli järgi, kui süüohvri. Ja mis ta pühadest asjadest on kõrvaldanud, selle ta peab tasuma ja lisama sellele veel viiendiku ning andma preestrile! Kui preester tema eest on lepitust toimetanud süüohvri jääraga, siis ta saab andeks.*

„Isanda pühad asjad" tähistab Jumala pühamut või kõiki Jumala pühamus olevaid asju. Isegi jumalasulane ega ohvrianni toonud inimene ei või võtta, kasutada ega müüa oma tahte kohaselt mingit Jumalale eraldatud ja seega pühaks peetud eset. Pealegi, asjad, mida me peame pühaks pidama, ei piirdu vaid „pühade asjadega", vaid kehtivad samuti kogu pühamu kohta. Pühamu on paik, mille Jumal on eraldanud ja kuhu Ta on seadnud oma nime.

Pühamus ei või rääkida mingisuguseid maailmalikke ega väärasid sõnu. Usklikest lapsevanemad peavad õpetama ka oma lapsi hästi, et nad ei jookseks ega mängiks, ei teeks segavat häält, ei määriks seda kohta, ei tekitaks korratust ega kahjustaks ühtegi pühamus olevat püha asja.

Kui Jumala pühi asju hävitatakse kogemata, peab asja hävitanud inimene selle parema, täiuslikuma ja veatu esemega asendama. Lisaks, kompensatsioon ei või olla kahjustatud eseme summa või väärtuse suurune, vaid „viiendik sellest" tuleb lisada süüohvriks. Jumal on niimoodi käskinud, et tuletada meile meelde vastuvõetavat ja enesevalitsusega käitumist. Mil iganes me puutume kokku pühade asjadega, peame me alati ettevaatust ja vaoshoitust rakendma, et me ei väärkasutaks ega kahjustaks Jumala asju. Kui midagi hooletusest kahjustada, tuleb meil kogu südamest meelt parandada ja kahjustatud esemete väärtusest suurema summa või väärtusega esemetega kadu kompenseerida.

3. Moosese raamatus 5:21-24 räägitakse meile viisidest, kuidas inimene saab oma pattudele andestuse, kui ta on „*ja salgab oma ligimese ees hoiule antud või tema kätte usaldatud asja, või mis ta ise on riisunud või vägivaldselt nõudnud oma ligimeselt,*" või „*või kui ta on leidnud kaotatud asja, aga salgab seda, või vannub valet.*" Niimoodi parandatakse meelt väärtegudest enne Jumalasse uskuma hakkamist ja inimene kahetseb oma tegu ja saab andeks, kui ta saab ise aru, et ta on kogemata kellegi teise vara oma valdusse võtnud.

Niisuguste pattude lepituseks tuleb esialgsele omanikule tagastada mitte ainult tegelik äravõetud ese, vaid ka lisanduv „viiendik" eseme väärtusest. Siin ei tähenda „viiendik" ilmtingimata, et see osa tuleks arvuliselt määrata. See tähendab ka, et kui inimene teeb ilmseid meeleparanduse tegusid, peavad need tema südamest tulema. Siis andestab Jumal talle tema patud. Näiteks, esineb juhtumeid, kui kõiki minevikus tehtud väärtegusid ei saa ühekaupa üles lugeda ja täpselt välja maksta. Sellisel juhul peab inimene antud ajahetkest alates usinalt tegema ilmseid meeleparanduse tegusid. Ta saab tööl või äritegevuses teenitud raha eest usinalt anda jumalariigi heaks või kergendada vajaduses olevate inimeste rahalist olukorda. Kui ta teeb niisuguseid meeleparanduse tegusid, näeb Jumal tema südant ja andestab talle tehtud patud.

Palun pidage silmas, et meeleparandus on süüohvri või patuohvri kõige olulisem koostisosa. Jumal ei soovi meilt mitte nuumvasikat, vaid murtud vaimu (Laul 51:17). Seega me peame Jumalat ülistades kogu südamest patust ja kurjusest meelt parandama ja vastavat vilja kandma. Ma loodan, et kui te toote Jumalale ülistust ja ohvriande Talle meelepärasel viisil ja teie elu on Talle vastuvõetav elav ohver, elate te alati Tema ülevoolava armastuse ja õnnistustega.

8. peatükk

Tooge oma ihu elavaks pühaks ohvriks

„Nüüd, vennad,
kutsun ma teid üles Jumala suure halastuse pärast tooma
oma ihud Jumalale elavaks, pühaks ja meelepäraseks ohvriks;
see olgu teie mõistlik jumalateenistus."

Roomlastele 12:1

1. Saalomoni tuhat põletusohvrit ja õnnistused

Saalomon asus troonile 20-aastaselt. Kogu tema noorusaja haris teda usus prohvet Naatan. Ta armastas Jumalat ja järgis oma isa, kuningas Taaveti, seadusmäärusi. Pärast trooniletulekut tõi Saalomon Jumalale tuhat põletusohvrit.

Tuhande põletusohvri ohverdamine ei olnud kuidagi kerge ülesanne. Vana Testamendi ajal oli palju kitsendusi, mis puudutasid asukohta, aega, ohvrianni sisu ja ohvriande puudutavaid meetodeid. Pealegi oleks kuningas Saalomon tavainimestest erinevalt vajanud rohkem ruumi, sest teda saatsid paljud inimesed ja ta tõi tavalisest rohkem ohvriande. 2. Ajaraamatus 1:2-3 öeldakse: *„Ja Saalomon andis käsu kogu Iisraelile, tuhande- ja sajapealikuile, kohtumõistjaile ja kõigile juhtidele kogu Iisraelis, perekondade peameestele, ja Saalomon ning terve kogudus koos temaga läksid ohvrikünkale, mis oli Gibeonis, sest seal oli Jumala kogudusetelk, mille Isanda sulane Mooses kõrbes oli teinud."* Saalomon läks Gibeoni, sest seal oli Jumala kogudusetelk, mille Mooses kõrbes oli teinud.

Saalomon läks kogu oma saatjaskonnaga „Isanda ette kogudusetelgis asuva pronksaltari juurde" ja ohverdas Talle tuhat põletusohvrit. Eelpool selgitati, et põletusohver on Jumalale toodud ohvriand, mis annab ohvrilooma põlemapaneku tulemusel head lõhna ja kuna see toob elu Jumalale ohvriks, tähendab see täielikku ohverdust ja andumust.

Sel ööl ilmus Jumal unes Saalomonile ja ütles talle: *„Palu,* *mida ma sulle peaksin andma!"* (2. Ajaraamat 1:7). Saalomon vastas:

> *Ja Saalomon vastas Jumalale: „Sa oled Taavetile, mu isale, suurt heldust osutanud, ja oled minu tema asemele kuningaks tõstnud. Nüüd, Isand Jumal, saagu tõeks Su sõna mu isale Taavetile, sest Sa oled mu kuningaks tõstnud rahvale, keda on nõnda palju nagu põrmu maa peal! Anna nüüd mulle tarkust ja mõistust minna ja tulla selle rahva eesotsas, sest kes suudaks muidu kohut mõista sellele Sinu suurele rahvale?"* (2. Ajaraamat 1:8-10)

Saalomon ei palunud rikkust, vara, au, oma vaenlaste elu ega pikka eluiga. Ta palus vaid tarkust ja mõistust, mille abil oma inimesi hästi valitseda. Jumalale meeldis Saalomoni vastus ja Ta ei andnud kuningale mitte üksnes tarkust ja mõistust, mida ta palus, vaid ka rikkust, vara ja au, mida kuningas Temalt ei palunud.

Jumal ütles Saalomonile: *„Siis olgu sulle antud tarkust ja mõistust! Ja ma annan sulle ka rikkust, varandust ja au, nagu seda ei ole olnud kuningail enne sind ega ole ühelgi pärast sind"* (12. salm).

Kui me toome Jumalale ohvriks vaimse ülistusteenistuse Talle meelepärasel moel, õnnistab Ta meid selle eest vastu niimoodi, et meil on kõiges edu ja hea tervis, nii nagu meie hingegi lugu on hea.

2. Kogudusetelgi ajastust templiajastusse

Pärast oma kuningriigi ühendamist ja selle stabiliseerimist vaevas Saalomoni isa – kuningas Taaveti südant üks asi: Jumala tempel polnud veel üles ehitatud. Taavet oli jahmunud, et Jumala laegas oli telgi eesriiete taga ajal, kui tema elas seedripuudest palees ja otsustas templi ehitada. Aga Jumal ei lubanud tal seda teha, sest Taavet oli lahingus palju verd valanud ja ei sobinud seetõttu Jumala püha templit ehitama.

Aga mulle tuli Isanda sõna, kes ütles: "Sina oled valanud palju verd ja oled pidanud suuri sõdu. Sina ei tohi mu nimele koda ehitada, sellepärast et sa mu ees nõnda palju verd maa peale oled valanud!" (1. Ajaraamat 22:8)

Aga Jumal ütles mulle: "Sina ära ehita mu nimele koda, sest sa oled sõjamees ja oled verd valanud! (1. Ajaraamat 28:3)

Kui kuningas Taavet ei suutnud oma templiehituse unistust teostada, kuuletus ta ikkagi tänutundest Jumala Sõnale. Ta valmistas ette ka kulla, hõbeda, pronksi, vääriskivid ja seedripuud – kõik vajalikud materjalid, et järgmine kuningas – tema poeg Saalomon saaks templi üles ehitada.

Saalomon tõotas oma neljandal valitsusaastal Jumala tahte kohaselt toimida ja templi üles ehitada. Ta alustas Jeruusalemma

Morija mäel ehitustööd ja lõpetas need seitsme aastaga. Jumala tempel ehitati üles nelisada kaheksakümmend aastat pärast Iisraeli rahva Egiptusest lahkumist. Saalomon lasi templisse tuua tunnistuslaeka (lepingulaeka) ja kõik ülejäänud pühad asjad.

Kui preestrid tõid tunnistuslaeka pühamast pühamasse paika, täitis Jumala au koja *„ja preestrid ei võinud jääda teenima pilve pärast: sest Isanda auhiilgus oli täitnud Isanda koja"* (1. Kuningate raamat 8:11). Sellega lõppes kogudusetelgi ajastu ja algas templiajastu.

Saalomon anus Jumalale templi palveohvrit tuues, et Ta andestaks oma rahvale, kui nad pöörduvad siira palvega templi poole ka siis, kui hädad on neid tabanud nende endi patu tõttu.

Kuule siis oma sulase ja oma Iisraeli rahva anumist, kuidas nad palvetavad selle paiga poole! Jah, kuule paigast, kus Sa elad – taevast! Ja kui Sa kuuled, siis anna andeks! (1. Kuningate raamat 8:30)

Kuna kuningas Saalomon teadis hästi, kuidas templi ehitamine oli Jumalale head meelt valmistanud ja õnnistuseks olnud, anus ta Jumalat seega oma rahva tõttu julgelt. Jumal kuulas kuninga palvet ja vastas:

Ma olen kuulnud su palvet ja anumist, mis sa oled saatnud minu poole. Ma olen pühitsenud selle koja, mille sa ehitasid, et ma võiksin panna sinna oma nime igaveseks ajaks. Mu silmad ja mu süda on alati seal (1. Kuningate raamat 9:3).

Seega, kui inimene ülistab Jumalat kogu südamest, meelest ja ülima siirusega pühamus, kus on Jumala asukoht, kohtub Jumal temaga ja täidab selle inimese südamesoovid.

3. Lihalik ülistus ja vaimne ülistus

Me teame Piibli alusel, et on ülistuse vorme, mis ei ole Jumalale vastuvõetavad. Sõltuvalt südamest, millega ülistust tuuakse, on olemas vaimne ülistusteenistus, mida Jumal võtab vastu ja lihalik ülistusteenistus, mida Ta vastu ei võta.

Aadam ja Eeva aeti pärast sõnakuulmatust Eedeni aiast välja. 1. Moosese raamatu 4. peatükis kirjutatakse nende kahest pojast. Vanema poja nimi oli Kain ja noorema poja nimi oli Aabel. Kui Kain ja Aabel jõudsid täiskasvanuikka, tõid nad mõlemad Jumalale ohvri. Kain tegi põllutööd ja tõi ohvrianniks *„maavilja"* (3. salm), kuid Aabel tõi ohvri *„oma lammaste esimesest soost ning nende rasvast"* (4. salm). Jumal omakorda *„vaatas Aabeli ja tema roaohvri peale, aga Kaini ja tema roaohvri peale Ta ei vaadanud"* (4.-5. salm).

Miks Jumal ei võtnud Kaini ohvriandi vastu? Heebrealastele 9:22 kirjutatakse, et Jumalale tuleb vaimumaailma seaduse kohaselt tuua ohvrianniks veri, millel on võime patud andestada. Sellepärast toodi Vana Testamendi ajal ohvrianniks loomi nagu härgasid ja lambaid, kuna Jumala Tall Jeesus sai Uue Testamendi ajal oma verd valades lepitusohvriks.

Heebrealastele 11:4 öeldakse: „*Usus tõi Aabel Jumalale parema ohvri kui Kain, mille tõttu ta sai tunnistuse, et tema on õige, kuna Jumal andis tema andide kohta tunnistuse, ja usu kaudu ta räägib veel surnunagi.*" Teiste sõnadega, Jumal võttis Aabeli ohvrianni vastu, sest ta tõi Jumala tahte kohase vereohvri, kuid Jumal keeldus Kaini ohvriannist, mis ei olnud Tema tahte kohaselt toodud.

3. Moosese raamatus 10:1-2 kirjutatakse, et Naadab ja Abihu tõid „*tõid Isanda ette võõra tule, mida Ta neid ei olnud käskinud teha*" ja pärast seda hävisid nad tules, mis „*läks Isanda eest välja.*" 1. Saamueli 13. peatükis kirjutatakse, kuidas Jumal hülgas kuningas Sauli pärast seda, kui kuningas oli prohvet Saamueli ülesannet täites pattu teinud. Enne vilistidega eesseisvat lahingut tõi kuningas Saul Jumalale ohvrianni, kui prohvet Saamuel ei tulnud määratud aja jooksul kohale. Kui Saamuel jõudis kohale pärast seda, kui Saul oli ohvrianni Jumalale toonud, vabandas Saul end välja, öeldes prohvetile, et ta tegi seda tõrksalt, sest inimesed läksid laiali. Selle peale noomis Saamuel Sauli: „Sa oled rumalalt toiminud" ja ütles kuningale, et Jumal oli ta hüljanud.

Malaki 1:6-10 noomib Jumal Iisraeli lapsi, sest nad ei andnud Jumalale ohvrianniks parimat, vaid andsid Talle kasutuid asju. Jumal lisab, et Ta ei võta vastu niisugust ülistust, mis võib religioossetest formaalsustest kinni pidada, kuid ei tule inimeste südamest. Tänapäeva mõttes tähendab see, et Jumal ei võta vastu lihalikku ülistusteenistust.

Johannese 4:23-24 öeldakse, et Jumal võtab meeleldi vastu vaimse ülistusteenistuse, mida inimesed toovad Talle vaimus ja tões ja õnnistab inimesi, et nende elus valitseks õiglus, halastus ja ustavus. Matteuse 15:7-9 ja 23:13-18 öeldakse, et Jeesus noomis otsustavalt oma aja varisere ja kirjatundjaid, kes pidasid rangelt kinni inimeste pärimustest, kuid kes ei kummardanud oma südames Jumalat tõeselt. Jumal ei võta vastu ülistust, mida inimene toob Talle meelevaldselt.

Jumalat tuleb kummardada Tema kehtestatud põhimõtete järgi. Niimoodi erineb kristlus varjamatult muudest uskudest, millest kinnipidajad loovad ülistust enese vajaduste rahuldamiseks ja kummardavad enesele meeldival moel. Ühest küljest on lihalik ülistusteenistus tähendusetu ülistusteenistus, kus inimene tuleb lihtsalt pühamusse ja osaleb ülistusteenistusel. Teisest küljest on vaimne ülistusteenistus kogu südamega jumaldamine ja oma taevast Isa armastavate jumalalaste ülistusteenistusel osalemine vaimus ja tões. Sel kombel, isegi kui kaks inimest ülistaksid samal ajal samas kohas, võib Jumal igaühe südamele vastavalt ühe inimese ülistuse vastu võtta ja teise omast keelduda. Isegi kui inimesed tulevad pühamusse ja ülistavad Jumalat, ei ole sellest mingit kasu kui Jumal ütleb: „Ma ei võtnud teie ülistust vastu."

4. Tooge oma ihu elavaks pühaks ohvriks

Kui meie olemasolu eesmärk on Jumalat kõrgeks tõsta, peab ülistus olema meie elu keskmes ja me peame iga hetke elama Tema ülistamise meelelaadiga. Jumalale vastuvõetav vaimus ja tões ülistamise elu ja püha ohver ei saa teoks üks kord nädalas pühapäevasel teenistusel käimisega, kui esmaspäevast laupäevani oma tahte ja soovide kohaselt elada. Meid on kutsutud Jumalat igal ajal ja igas kohas ülistama.

Kogudusse ülistama minek on ülistuselu lisaväljund. Kuna ülistus, mis on inimelust erinev, ei ole tõeline ülistus, peab uskliku elu tervikuna olema Jumalale toodav vaimne ülistusteenistus. Me ei või üksnes pühamus ilusat ülistusteenistust sellekohaste protseduuride ja tähendusele vastavalt ohvriks tuua, vaid me peame ka elama püha ja puhast elu, kuuletudes oma igapäevaelus kõigile Jumala määrustele.

Roomlastele 12:1 öeldakse: *„Nüüd, vennad, kutsun ma teid üles Jumala suure halastuse pärast tooma oma ihud Jumalale elavaks, pühaks ja meelepäraseks ohvriks; see olgu teie mõistlik jumalateenistus."* Täpselt nii nagu Jeesus päästis kogu inimkonna oma ihu ohvriks tuues, tahab Jumal, et meie annaksime oma ihu samuti elavaks ja pühaks ohvriks.

Nähtava templi ehitusele lisaks on igaüks meie seast saanud samuti Jumala templiks, kuna Püha Vaim, kes on Jumalaga sama, elab meie südames (1. Korintlastele 6:19-20). Me peame iga päev tõe läbi uuenema ja valvama end, et me oleksime pühad. Kui meie südames on rohkelt Sõna, palvet ja kiitust ja kui me teeme kõik oma elus Jumalat ülistava südamega, oleme me oma ihud andnud elavaks pühaks ohvriks, millest Jumalal on hea meel.

Enne Jumalaga kohtumist olin ma haiguste küüsis. Ma veetsin palju päevi lootusetult ja meeleheites. Kui ma olin seitse aastat voodihaige olnud, olin ma hiigelsuure haiglaarve ja ravimite kulu tõttu võlgu. Ma olin vaene. Aga kõik muutus kohe pärast Jumalaga kohtumist. Ta tegi mind otsekohe kõigist haigustest terveks ja ma alustasin oma elu uuesti.

Tema armu mõjualusena hakkasin ma Jumalat üle kõige armastama. Ma ärkasin hingamispäeva koidikul, käisin kindlasti vannis ja panin puhta aluspesu selga. Isegi kui ma kandsin sokipaari laupäeval ainult veidike, ei kandnud ma neid sokke kunagi järgmisel päeval kogudusse minnes. Ma panin samuti kõige puhtamad ja korralikumad riided selga.

See ei tähenda, et usklikud peaksid ülistama minnes moodsad välja nägema. Kui usklik tõesti usub Jumalat ja armastab Teda, on tema jaoks loomulik Jumala ülendamiseks enne Tema ette tulekut äärmiselt hoolikalt ette valmistuda. Isegi kui kellegi olud ei võimalda teatud rõivastust, võib igaüks oma parimate võimete kohaselt oma rõivad valmis panna ja välimuse eest hoolitseda.

Ma tegin alati kindlaks, et ma annaksin oma ohvriande uute rahatähtedega; mil iganes ma sain uusi värskeid rahatähti, panin ma need ohvrianni jaoks kõrvale. Ma ei puudutanud isegi hädaolukorras olles ohvrianni jaoks kõrvalepandud raha. Me teame, et isegi Vana Testamendi ajal, kus igaühe oludest sõltuvalt kasutati eri tasemeid, valmistas iga usklik enne preestri juurde minekut oma ohvrianni ette. Jumal annab meile selle kohta otsesed juhised 2. Moosese raamatus 34:20: *„Ja tühje käsi ei tohi tulla mu palge ette!"*

Nii nagu ma õppisin äratusjutlustajalt, tegin ma alati kindlaks, et mul oleks igaks ülistusteenistuseks suurem või väiksem ohvriand ette valmistatud. Isegi kui mu naise ja minu teenitud sissetulekust piisas vaevu võlaintressi tasumiseks, ei andnud me oma ohvriande mitte kunagi tõrksalt ega kahetsedes. Kuidas me oleksime saanud kahetsust tunda, kui meie ohvriande kasutati hingede päästmiseks ja jumalariigi ning selle õiguse teostamiseks?

Pärast seda kui Jumal nägi meie pühendumist, õnnistas Ta meid oma valitud ajal ja me saime hiigelsuure võla tasutud. Ma hakkasin Jumalat paluma, et ta teeks minust hea kogudusevanema, kes võiks vaestele rahalist kergendust tuua ja kanda hoolt orbude, lesknaiste ja haigete eest. Aga Jumal kutsus mind ootamatult jumalasulaseks ja juhatas mind arvukaid hingi pääsemisele toovat tohutusuurt kogudust juhtima. Kuigi minust ei saanud kogudusevanemat, suudan ma paljudele kergendust tuua ja olen saanud Jumalalt väe, mille abil haiged tervenevad ja see on rohkem kui ma Jumalalt palusin.

5. „Kuniks Kristus võtab teis kuju"

Nii nagu vanemad näevad hea meelega suurimat vaeva, et oma

laste eest hoolitseda pärast nende sündimist, on iga hinge eest hoolitsemiseks ja tõe sisse juhatamiseks vaja palju vaevanägemist, vastupidavust ja ohverdust. Apostel Paulus tunnistab sellest Galaatlastele 4:19: *"Mu lapsed, kelle pärast ma olen jälle lapsevaevas, kuni Kristus teie sees saab kuju!"*

Kuna ma tunnen ühte hinge kogu universumis sisalduvast väärtuslikumaks pidava ja kõigi inimeste pääsemisele tulekut sooviva Jumala südant, teen ma kõik enesest oleneva, et juhatada iga viimane hing pääsemise teele ja Uude Jeruusalemma. Ma olen palvetanud ja valmistanud igal hetkel ja võimalusel ette sõnumeid, püüdes koguduseliikmete usutaset tõsta *"täismeheks Kristuse täisea mõõtu mööda"* (Efeslastele 4:13). Kui ma vahel tahaksin väga oma koguduseliikmetega koos istuda ja rõõmsalt juttu ajada, olen ma karjasena, kes vastutab oma karja õiges suunas juhtimise eest, kõiges enesevalitsust kasutanud ja Jumalalt saadud ülesandeid teostanud.

Ma soovin iga usklikku jaoks kahte asja. Esiteks, mulle meeldiks väga, et paljud usklikud ei tuleks vaid pääsemisele, aga võiksid ka elada Taeva kõige aulisemas kohas – Uues Jeruusalemmas. Teiseks, mulle meeldiks väga, et kõik usklikud pääseksid vaesuse küüsist ja elaksid rikkalikku elu. Koguduse äratuse ja arvulise kasvuga suureneb ka rahalist abi vajajate hulk ja tervendusvajadus. Maailmalikus mõttes ei ole lihtne iga koguduseliikme vajadusi märgata ja vastavalt tegutseda.

Ma tunnen kõige raskemat koormat, kui usklikud teevad pattu, sest ma tean, et kui usklik teeb pattu, kaugeneb ta Uuest

Jeruusalemmast. Äärmuslikel juhtudel võib ta isegi leida, et ta ei pääse. Usklik võib vastuseid ja vaimset või füüsilist tervenemist vastu võtta ainult siis, kui ta on enese ja Jumala vahelise patumüüri lammutanud. Kui ma olen pattu teinud usklike pärast Jumalast kõvasti kinni hoidnud, olen ma olnud unetu, krampidega võidelnud, pisaraid valanud ja kaotanud sõnulseletamatu hulga energiat ning arvukaid tunde ja päevi paastudes ja palvetades veetnud.

Jumal võttis need ohvriannid arvukatel kordadel vastu ja halastas inimestele, ka neile, kes ei olnud varem pääsemise väärilised, andes neile meeleparanduse vaimu, et nad võiksid meelt parandada ja pääsemisele tulla. Jumal tegi ka pääsemise ukse pärani lahti ja arvukad inimesed kogu maailmas said kuulda pühaduse evangeeliumi ja Tema väeilminguid omaks võtta.

Mil iganes ma näen paljusid usklikke ilusalt tões kasvamas, valmistab see mulle pastorina kõige suuremat rahuldust. Nii nagu veatu Isand ohverdas samamoodi iseend Jumalale meeldiva lõhnana (Efeslastele 5:2), marsin ka mina edasi, et anda oma elu iga valdkond Jumalale elavaks pühaks ohvriks jumalariigi ja hingede pärast.

Kui lapsed austavad oma vanemaid emadepäeval või isadepäeval (Korea „vanemate päeval") ja näitavad tänulikkust üles, valmistab see vanematele ülisuurt rõõmu. Isegi kui need tänuavaldused ei pruugi vanematele meeltmööda olla, on neil ikkagi hea meel, sest nende lapsed tänavad neid. Üsna sarnaselt, kui jumalalapsed toovad Talle ohvriks ülistuse, mida nad on armastusest oma taevase Isa vastu äärmiselt hoolikalt ette valmistanud, on Tal hea meel ja Ta õnnistab neid.

Muidugi, ükski usklik ei tohiks nädala keskel meelevaldselt elada ja ainult pühapäeviti oma andumust üles näidata! Iga usklik peab armastama Jumalat kogu oma südame, hinge, jõu ja meelega ja tooma end igapäevaselt elavaks pühaks ohvrianniks, nii nagu Jeesus käsib meil teha Luuka 10:27. Kogegu iga lugeja Jumalat vaimus ja tões kummardades ja Talle oma head südamelõhna ohvriks tuues rohkelt kõiki õnnistusi, mis Jumal on tema jaoks valmistanud.

Autor:
Dr. Jaerock Lee

Dr Jaerock Lee sündis 1943. aastal Muanis, Jeonnami provintsis, Korea Vabariigis. Kahekümnesena oli Dr Lee mitmete ravimatute haiguste tõttu seitse aastat haige ja ootas surma ilma paranemislootuseta. Kuid õde viis ta ühel 1974. aasta kevadpäeval kogudusse ja kui ta põlvitas, et palvetada, tervendas elav Jumal ta kohe kõigist haigustest.

Hetkest kui Dr Lee kohtus selle imelise kogemuse kaudu elava Jumalaga, on ta Jumalat kogu südamest siiralt armastanud ja Jumal kutsus ta 1978. aastal end teenima. Ta palvetas tuliselt, et ta võiks Jumala tahet selgelt mõista ja seda täielikult teha ning kuuletuda kogu Jumala Sõnale. 1982. aastal asutas ta Manmini koguduse Seoulis, Lõuna-Koreas ja tema koguduses on aset leidnud arvukad Jumala teod, kaasa arvatud imepärased tervenemised ja imed.

1986. aastal ordineeriti Dr Lee Korea Jeesuse Sungkyuli koguduse aastaassambleel pastoriks ja neli aastat hiljem – 1990. aastal, hakati tema jutlusi edastama Austraalia, Venemaa, Filipiinide ülekannetes ja paljudes muudes kohtades Kaug-Ida ringhäälingukompanii, Aasia ringhäälingujaama ja Washingtoni kristliku raadiosüsteemi vahendusel.

Kolm aastat hiljem, 1993. aastal, valis *Christian World (Kristliku maailma)* ajakiri (USA) Manmini Keskkoguduse üheks „Maailma 50 tähtsamast kogudusest" ja Christian Faith College *(Kristlik Usukolledž)*, Floridas, USA-s andis talle Teoloogia audoktori tiitli ja 1996. aastal sai ta Ph.D. teenistusalase kraadi Kingsway Teoloogiaseminarist Iowas, USA-s.

1993. aastast alates on Dr. Lee juhtinud maailma misjonitööd, viies läbi palju välismaiseid krusaade Tansaanias, Argentinas, L.A.-s, Baltimore City's, Havail ja New York City's USA-s, Ugandas, Jaapanis, Pakistanis, Kenyas, Filipiinidel, Hondurasel, Indias, Venemaal, Saksamaal, Peruus, Kongo Rahvavabariigis, Iisraelis ja Eestis.

2002. aastal kutsuti teda Korea peamistes kristlikes ajalehtedes tema väelise teenistuse tõttu erinevatel väliskoosolekusarjadel „ülemaailmseks äratusjutlustajaks". Ta kuulutas julgelt, et Jeesus Kristus on Messias ja Päästja eriti „New Yorki 2006. aasta koosolekusarja" käigus, mis toimus maailma kuulsaimal laval Madison Square Gardenis ja mida edastati 220 riiki ja Jeruusalemma rahvusvahelises koosolekukeskuses toimunud „2009. aasta Iisraeli ühendkoosolekute sarja" käigus.

Tema jutlusi edastatakse 176 riiki satelliitide kaudu, kaasa arvatud GCN TV ja ta kuulus Venemaa populaarse kristliku ajakirja Võidukas (In Victory) ja uudisteagentuuri Kristlik Telegraaf (Christian Telegraph) sõnul 2009. ja 2010. aastal oma vägeva teleedastusteenistuse ja välismaiste koguduste pastoriks olemise tõttu kümne kõige mõjukama kristliku juhi sekka.

2017. aasta veebruar alates koosneb Manmini Keskkogudus rohkem kui 120 000 liikmest. Kogudusel on 11000 sisemaist ja välismaist harukogudust, mille hulka kuuluvad 56 kodumaist harukogudust ja praeguseni on sealt välja lähetatud rohkem kui 102 misjonäri 23 maale, kaasa arvatud Ameerika Ühendriigid, Venemaa, Saksamaa, Kanada, Jaapan, Hiina, Prantsusmaa, India, Kenya ja paljud muud maad.

Tänaseni on Dr. Lee kirjutanud 106 raamatut, kaasa arvatud bestsellerid *Maitsedes Igavest Elu Enne Surma, Minu Elu Minu Usk I ja II osa, Risti Sõnum, Usu Mõõt, Taevas I ja II osa, Põrgu, Ärka Iisrael!* ja *Jumala Vägi* ja tema teosed on tõlgitud enam kui 76 keelde.

Tema kristlikud veerud ilmuvad väljaannetes *The Hankook Ilbo, The JoongAng Daily, The Chosun Ilbo, The Dong-A Ilbo, The Hankyoreh Shinmun, The Seoul Shinmun, The Kyunghyang Shinmun, The Korea Economic Daily, The Korea Herald, The Shisa News* ja *The Christian Press*.

Dr. Lee on praegu mitme misjoniorganisatsiooni ja –ühingu asutaja ja president, kaasa arvatud Jeesuse Kristuse Ühendatud Pühaduskogudus (The United Holiness Church of Jesus Christ) esimees; Ülemaailmse Kristliku Äratusmisjoni Liidu (The World Christianity Revival Mission Association) asutaja; Ülemaailmse Kristliku Võrgu (Global Christian Network) asutaja ja juhatuse esimees; Ülemaailmse Kristlike Arstide Võrgu WCDN (World Christian Doctors Network) asutaja ja juhatuse esimees; Manmini Rahvusvahelise Seminari (Manmin International Seminary) asutaja ja juhatuse esimees.

Teised kaalukad teosed samalt autorilt

Taevas I & II

Üksikasjalik ülevaade taevakodanike toredast elukeskkonnast keset Jumala au ja taevariigi eri tasemete ilus kirjeldus.

Risti Sõnum

Võimas äratussõnum kõigile, kes on vaimses unes! Sellest raamatust leiate te põhjuse, miks Jeesus on ainus Päästja ja tõeline Jumala armastus.

Põrgu

Tõsine sõnum kogu inimkonnale Jumalalt, kes soovib, et ükski hing ei sattuks põrgu sügavustesse! Te leiate mitte kunagi varem ilmutatud ülevaate surmavalla ja põrgu julmast tegelikkusest.

Vaim, Hing ja Ihu I & II

Teatmik, kust saab vaimse arusaama vaimu, hinge ja ihu kohta ja mis aitab meil avastada oma „mina", milleks meid tehti, et me saaksime pimeduse võitmiseks väe ja muutuksime vaimseks inimeseks.

Usu Mõõt

Missugune elukoht, aukroon ja tasu on sulle Taevas valmistatud? Sellest raamatust saab tarkust ja juhatust usu mõõtmiseks ja parima ning kõige küpsema usu arendamiseks.

Ärka, Iisrael

Miks on Jumal pidanud Iisraeli maailma algusest kuni tänapäevani silmas? Missugune Jumala ettehoole on lõpuajaks valmistatud Iisraelile, kes ootab Messiase tulekut?

Minu Elu ja Mu Usk I & II

Kõige hõrgum vaimne lõhn, mis tuleb Jumala armastusega õilmitsevast elust keset süngeid laineid, külma iket ja sügavaimat meeleheidet.

Jumala Vägi

Kohustuslik kirjandus, mis on vajalik juhis tõelise usu omamiseks ja Jumala imelise väe kogemiseks.

---

www.urimbooks.com

www.ingramcontent.com/pod-product-compliance
Lightning Source LLC
LaVergne TN
LVHW041605070526
838199LV00052B/2997